田中正造と足尾鉱毒問題

土から生まれたリベラル・デモクラシー

Miura Kenichiro
三浦顕一郎

有志舎

田中正造と足尾鉱毒問題

――土から生まれたリベラル・デモクラシー――

《目次》

田中正造と足尾鉱毒問題関係地図

（下は、館林・佐野周辺の拡大図
実線は県境
由井正臣『田中正造』掲載のものを改変）

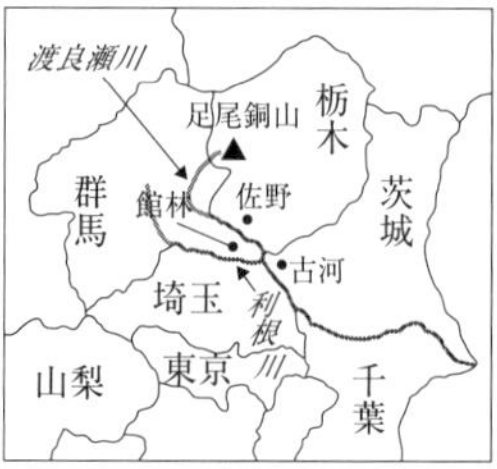

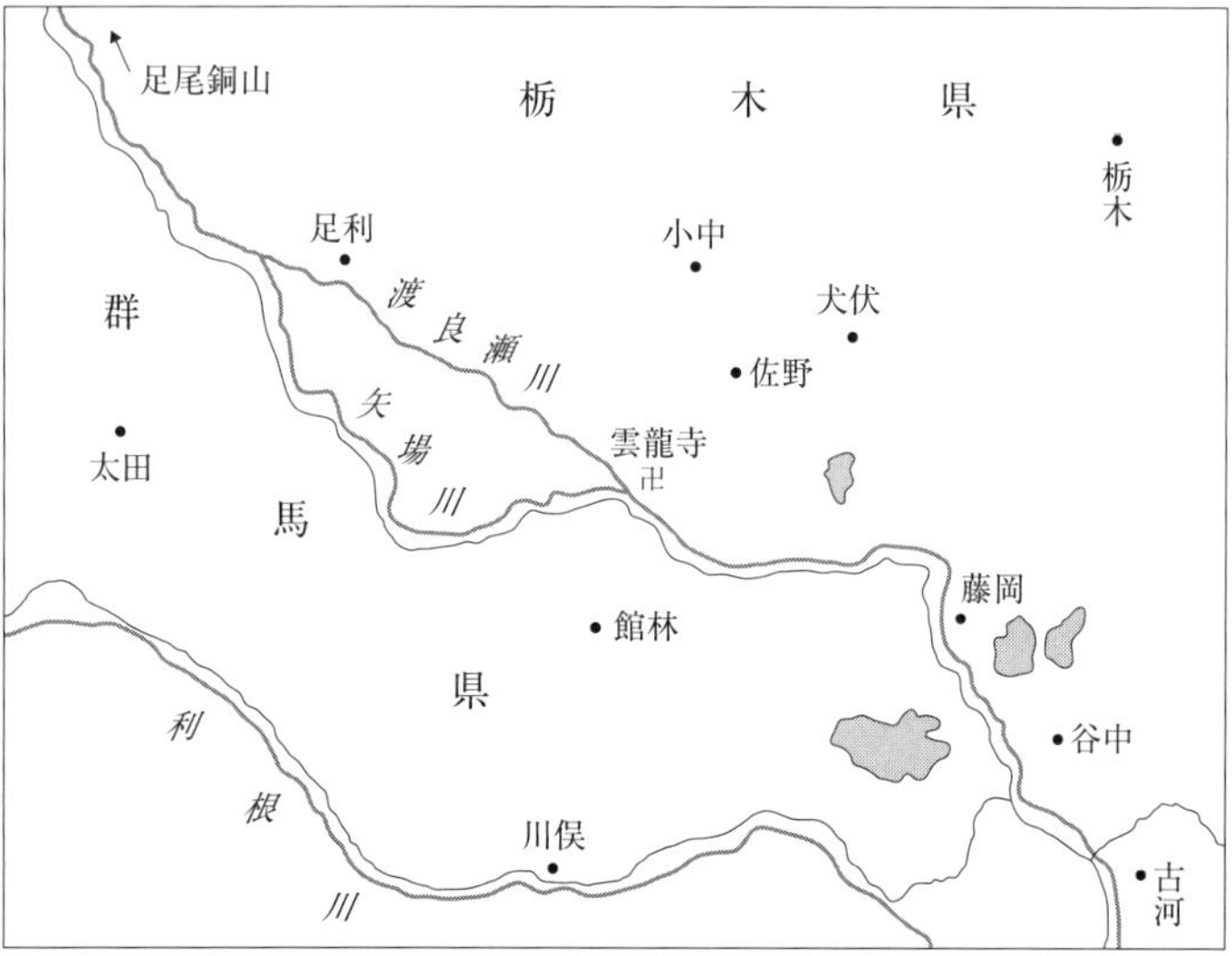

はじめに

田中正造《しょうぞう》は日本最初の公害といわれる足尾《あしお》鉱毒問題の解決に、生涯をかけて取り組んだ人である。それだけでない。足尾鉱毒問題を闘うなかで、彼は「稀有」といわれる思想を持つにいたった。

田中を評する言葉に次のようなものがある。二〇歳のときに谷中《やなか》村の強制収用を取材して『谷中村滅亡史』（即日発禁処分）を著した社会主義者の荒畑寒村《あらはたかんそん》は、

あの人は本当のデモクラットだったと思います。本当の土から生まれたデモクラットだったんですよ、田中正造は。……「高度」のイデオローグの目から見れば、未発達な人間かもしれませんが、しかしですね、あの人のように五〇年も六〇年も寝食を忘れて、民のために尽くした人間が、それじゃ今のそういうイデオローグの間に一人でもいるかって、私は言うんです［荒畑一九七六］（以下、出典は［ ］内に［著者名 刊行年］のように記載）。

と述べている。

明治時代の国粋主義者で、田中を長く支援してきた三宅雪嶺《せつれい》は、

わずかに村民のために尽くした彼の生涯を笑うなかれ。自ら民権家と称し、人からも称される者は少なくないが、おおむね政権争奪のため民権家を称してきたに過ぎない。真に民権を念として奮戦健闘した者で、誰が田中の上に出るであろうか［三宅一九一三］。

と述べている。
日本思想史研究者の鹿野政直は田中の小伝のなかで、

田中を足尾鉱毒事件との闘いという実践面からのみあれこれ批評するのは、私たちの不遜である。彼は実践においてのみ偉大だったのではない。むしろ彼は、明治における最も偉大な民主主義国家＝人民国家の構想者の一人だった［鹿野一九六八］。

と述べている。
またイギリス人の日本研究家ケネス・ストロングは、一九七七年に英語圏で初めてとなる田中正造伝のなかで、

鉱毒による農地の汚染という直接的な経験を通して、田中は、実質上、エコロジストにして環境保護論者に（こうした用語が使われるずっと以前に）なった［ストロング一九八七］。

と述べている。

すなわち、田中正造は「土から生まれたデモクラット」であり、足尾鉱毒事件の被害民のために「五〇年も六〇年も寝食を忘れて」闘った「稀有の人」であり、しかもそれだけでなく、その闘いを通して思想的成長を遂げ、明治日本で最も偉大な人民国家の構想者となり、また実質上のエコロジストにして環境保護論者に（そういう用語が使われるずっと以前に）なった「稀有の人」であるというのである。

1　田中正造（晩年の写真で，田中本人が最も気に入っていたもの）〔佐野市郷土博物館蔵〕

本書は、田中がそのような「稀有の人」になる過程を、田中と足尾鉱毒事件の闘いの歩みに即して明らかにし、また田中がなぜそのような「稀有の人」となり得たのか、その理由を考えようとするものである。

なお、足尾鉱毒事件・問題という呼び名についてであるが、田村紀雄によれば、田中は明治三〇年以前は足尾鉱毒事件と、三〇年以後は足尾鉱毒問題と呼んでいたようである［田村一九九八］。それはこの問題が「事件」と呼ぶにはあまりに深刻で深い根を持っていることに田中が気付いたからである。本書では、事件の衝撃の大きさを強調したいときは足尾鉱毒事件と、問題の根深さを強調したいときは足尾鉱毒問題と呼ぶこととしたい。

引用文は、読みやすさを考えて現代語訳や加筆・削除を行っているが、できるだけ文意を損なわないように配慮したつもりである。また直接引用したもの以外、筆者の田中正造と足尾鉱毒問題の理解に多大な影響を与えているものであっても、出典を示すことを省略させていただいている。読者の読みやすさを考えてのことであり、ご理解いただきたい。また、各章の冒頭に、その章の課題を示している。

第一章　原体験

本章では、田中正造の「原体験」について、その後の彼のパーソナリティを形成したものを考察する。注目するのは次の二つの出来事である。

一つめは田中が名主《なぬし》時代に経験した六角《ろっかく》家騒動での経験である。田中の生涯を貫く「在地の思想」（地域と地域の人々を守るという思想）はここで培われた。

二つめは田中の近代思想との出会いである。田中は旧幕時代に理不尽な拷問に苦しめられたこともあり、新時代の近代思想を感激をもって摂取した。その経験が、足尾鉱毒問題では、鉱毒問題を生活問題として捉える一般の被害民と違って、人権問題という原理的な問題として捉えることを可能にした。そして、そのことが最終的に田中を他の被害民と分かつ悲劇の源ともなっていく。

第1節　名主として

田中正造は天保一二年一一月三日（一八四一年一二月一五日）に下野国《しもつけのくに》安蘇郡《あそぐん》小中村《こなかむら》（栃木県佐野市小中町）で父富蔵と母サキの子として生まれた。幼名は兼三郎《かねさぶろう》。生家は代々農業を営み、また祖父の代から名主をつとめる家柄であった。

田中は自伝（『田中正造昔話』）の冒頭を「予《よ》は下野の百姓なり」という言葉で始めており、そのことが示すように田中は自らを「下野の百姓」と規定し、そのことに誇りを持ってもいた。彼は自伝で次のように語っている。自分は農業に励んだ結果、右手は鍬瘤《くわこぶ》、左手は鎌創《かまきず》に満ち、後年に至っても五指《ごし》がくっつかないほどになったが、それは「実《げ》に当時に賜はりたる勲章」であると。*

＊田中の自伝『田中正造昔話』は、『読売新聞』のもとめに応じて記者に口授したものを、明治二八年（一八九五）九月一日から一一月二四日まで五八回にわたって連載したものである。したがって同時代の記録ではなく、彼の回想録というべきものである。そこには記憶違いや一次史料の欠如を彼の記憶で補った部分が見られる。しかしながら、田中が自らの生い立ちをどのように捉えていたかという点では、同書は貴重な資料である。また、田中は口授のあとに、あるいは印刷後にも何度も訂正を求めるほど、自伝の連載に当たって正確を期していたという（『読売新聞』社長だった高田早苗の回想による［柴田一九一三に所収］）。本書では田中の自伝を中心に、彼の覚書や書簡や日記、『栃木県史』や『佐野市史』に所収されている史料などを加味しながら、田中の生い立ちをたどっていく。

2　田中正造の生家（復元，佐野市）

その一方で、田中の家は代々名主をつとめる家柄であった。名主とは、町村内の有力者中、その地域の行政を任された代表者である。身分は百姓であるが、一般の村民よりは高い階層に属していた。名主は、村内をまとめて年貢を納入するなど領主権力機構の末端に位置する一方、村民の保護と統制、村を代表して他村との交渉や領主への請願に当たるなど、村民の代表としても機能した。そのような名主の職に、父富蔵の割元役への昇進に伴い、田中は安政四年（一八五七）、一七歳のときに就いた（一九歳説もある［田村秀一九八九］）。

田中が生まれた小中村は石高一四三八石余、家数一六〇戸ほどの村であった。関東の農村の多くがそうであったように、相給《あいきゅう》の村である。相給とは、複数の大名、旗本によって一村が分割支配されている村をいう。小中村は旗本高家《こうけ》の六角雄次郎が一〇一二石余・約一二〇戸を支配し、旗本佐野欽六郎が四〇九石余・約四〇戸を支配、ほかに御朱印寺の浄蓮寺が一六石余を所持していた。しかも彼らは複数の小規模な地域を支配していた。六角家の場合、下野国足利郡の今福・助戸・山川・大久保・稲岡・田島の六か村と安蘇郡の小中村、武蔵国埼玉郡北袋と今泉の二か村を支配していた［佐野市一九七九］［由井一九八四］。

江戸時代の農村は、領民が年貢などの貢租をきちんと納めている限り、広く自治が認められていたことが知られているが、相給の村の場合、領主が直接村々を統治することができなかったために、いっそう自治的傾向が強かった。領主は支配村内の有力者を登用して支配の末端を担当させ、また数か村が近在にかたまっている村々からは代官を登用したり、あるいは割元名主を任命して各村の名主を統括させた。富裕者に財政の勝手《かって》方賄人《かたまかないにん》を命ずる場合も多かった。小中村の佐野領では石井郡造が、六角領では田中富蔵と篠崎茂左衛門の二人が名主として村の行政を取り仕切っていた。

田中の父富蔵は争いを好まず穏やかな人物であったという。六角家筆頭用人の坂田伴右衛門と協力して六角家の財政建て直しに尽力し、五〇〇〇両の金を主家に蓄えることに成功した。その功労によって富蔵は各村の名主を統括する割元役に昇進し、子の正造が小中村の名主になったのであった。田中は名主として、村内の親孝行の子を領主に推挙して賞典に預からせたり、寺子屋を設けて郷党の子弟に教育を授けたりと精力的に活動した。

文久二年（一八六二）に坂田が病没すると、林三郎兵衛《はやしさぶろうひょうえ》という人物が六角家の筆頭用人に就いた。これをきっかけに六角家騒動が始まる。田中に言わせれば、林は悪巧みに満ちた人間で、業者からの賄賂を期待して若君の屋敷普請を企てたり、領内の村々に先納金を申し付けて領民から新税取り立てをはかったりと、お上のためと称して奸策至らざるところがなかったという。また一部の村に御用金を課して、他の村には免じたり、付加税の一種である冠《かぶ》り米《まい》を一部の村に命じて、他の村は免じたりといった領内分断策も弄した。さらに大久保村の医師の平塚承貞を勝手に御手医師としたり、助戸村の永島藤吉を名主に任命するなど恣意的な村役人の登用も行った。田中によれば、六角家領内における名主の登用は「自治的好慣例」をなしており、名主は村民の公選によって選出されていた。林の行動は「自治的好慣例」を破壊するものであった（ただし、慣例を破る人事の先例は田中の父富蔵の割元役昇進にあったともいわれる）。

六角家騒動自体は、実は、幕末期に広く見られた領主財政の窮乏化に起因するお家騒動の一つであった。江戸時代における貨幣経済の普及は、領主層や武士一般の支出を増大させた。貢租以外に収入の途を持たない領主層は、財政上の不足を領民への苛斂誅求によって補おうとした。年貢の増徴をはかったり、それが領民の抵抗を受けると、形を変えて翌年分を前納させたり、御用金として臨時の賦課を多くしたりなど、種々の負担を強制して財政難を乗り切ろうとしたのである。六角家騒動の発端となった林一派による新規あるいは臨時の徴税、それに対する領民の反抗を抑えるための領内分断策といったものは、幕末期に領主層が弄していた常套手段であった。

とはいえ、取り立てられる側としてはたまったものでない。地域を代表する名主の職にあった田中は敢然とこれに反抗することを決意し、反対運動の組織化に乗り出した。村民たちも団結して闘う決意を固めた。村役人層では、小中・山川・助戸・田島・今福・稲岡の六か村の名主一〇名が議定書に署名して、一同揃って名主休役を申し出ることで、抵抗の意思を示した。村民も名主のもとに団結して、平塚承貞の罷免を要求した。林が嘆願者総代の村役人二名を罰すると、村民らは林と平塚の悪行を八か条にわたって列挙し、取り調べるよう六角家に願い出た。このほかにも愁訴《しゅうそ》や張訴《はりそ》を繰り返し、六角家親族によって本家の家政紊乱を取り締まるよう訴えた。また幕府筋にも働きかけ、賄賂を用いて、老中に内願を届けることに成功したが、幕府は崩壊寸前の状態にあり、六角家の問題を処理する余裕はなかった。

六角家騒動は六か年の長きにわたり、業を煮やした田中が林一派を弾劾する願書を六角家本家の烏丸《からすま》家に提出、これが林派の手に入り、田中は江戸屋敷の牢に捕らえられることになった。取り調べは苛酷を極め、拷問を伴った。吟味役が合図すると、数人の役人が田中の背を乱打し、鮮血が噴き出した。牢内での毒殺を警戒して田中は牢の食事を断ち、友人が差し入れた鰹節二本で当座をしのいだという。牢は立つことも寝ることもできない狭さで、身体を伸ばそうと思えば四つん這いになって伸ばし、足を伸ばそうと思えば仰向けになって伸ばさざるを得なかった。このような牢屋に田中は一〇か月あまり閉じ込められたのであった。

六角家騒動はこのように田中に辛苦を強いたが、田中が六角家騒動を闘い抜く情熱のもとになっていたものは何であったろうか。それを解く鍵は、彼の母親が江戸出府中の田中に宛てた手紙にある［由井一九八四］。このとき田中は稲岡村との村境・用水争いのため江戸に出府中であった。慶応三年（一八六七）七月、用水に不足した稲岡村が小中村に断りなしに同村の溜め池から水を引いたため、両村の間で用水・村境問題が生じていた。田中は小中村の佐野家領名主の石井郡造と相談して、八月に総代として稲岡村を訴え、江戸に出府していたのである。このとき、田中の郷里では出流山《いづるやま》事件が発生していた。出流山事件は、幕末期に薩摩藩士の一部が幕府側を挑発すべく盛んに行っていた関東撹乱工作の一つで、薩摩派浪士の小島四郎（のちの相楽総三《さがらそうぞう》、茨城県北相馬郡藤代出身、京都で薩摩藩の西郷吉之助や大久保一蔵らと交わった）が主導していた。これに、田中の旧友の赤尾清三郎（田中の師・赤尾小四郎の子）や安達幸太郎、織田龍三郎らが参加していたのである。結局、彼らは幕府の関八州取締役が動員した農兵隊と近隣諸藩の隊に敗れ、赤尾・安達・織田は捕らえられ、織田を除く二名は佐野河原で斬殺された。

母からの手紙はこの事件を伝えるものであったが、母は田中に、

思ふに奸党払攘の事用水村境の事共に天下の大に比すべくもあらずと雖《いえど》も是亦《これまた》決して忽諸《こっしょ》に附すべき儀にあらず、汝能《よ》く此旨《このむね》を体して敢《あえ》て或《あるい》は忘るゝことなかれ。

（現代語訳　林一派を打ち負かすことや、稲岡村との村境・用水争いのことなど、これらは天下国家の大問題に比べようもなく小さなことですが、かといって決しておろそかにしてよい問題ではありません。あなたはこのことをよく心得て、決して忘れてはいけませんよ）（以後、史料は基本的に現代語訳を行う）

と訓戒していた。田中もこれに納得して、「専心この問題に努める」ことを心に誓ったという。小中村の名主である田中にとって、幕末の動乱のさなかにあっても、なによりも大切なことは村を守ることであって、たとえそれが天下国家の大問題に比べて小さな問題であっても、田中はそれに全力を尽くすことを誓うのであった。

田中が天下国家のことよりも、地域を守ることを優先したことは、戊辰戦争の際の彼の行動にも見られる。小中村を通過する旧幕府軍にも新政府軍にも、田中は公平中立の態度で接することに努めた。敗走する幕府軍に対しては草鞋《わらじ》を与え白湯《さゆ》を汲み労《いたわ》り励まして小中村を去らせ、追走する政府軍に対しては夜を徹して篝火《かがりび》を炊いて便宜をはかった。それは村が戦場となることを避け、村が修羅の巷《ちまた》となることを免れるためであった。

田中にとって名主であるということは、地域のため、村民のために行動することを意味していた。それが彼にとって「公共の職」にある者の務めであった［布川一九九七］。田中は六角家騒動を闘った心情について、

自分はもともと土百姓の家に生まれ、端《はし》なくも林一派の陰謀の穏やかならぬ次第を見て、生来の一徹心が黙し難く、あくまでも彼らに反抗して、斬って斬って斬りまくって一念を貫かなければ、男の意地が立たぬのみか、いやしくも公共の職に在る者の一部が相済まぬと思い込んだ。

と述べている。
田中は地域を守るためという一心で六角家騒動を闘い抜いた。それが田中にとって、名主という「公共の職」に在る者の務めなのであった。地域と地域の人々を守るという思いと行動が田中の公的生活の原体験であった。このような田中の思いを、「在地の思想」と呼んでよい。「在地」すなわち「在住している土地」を慈しみ、そことそこに住む人々を守ることを最優先する思想である。田中はこのように地域を守り、地域の人々を守るという思想と行動を公的生活の出発点に持ったのであった。こうした「在地の思想」はやがて足尾銅山鉱毒事件が発生すると、そこでも見られることになるであろう。

六角家騒動は、その後、吟味役が明治政府の役人に代わり、喧嘩両成敗の形で決着がついた。田中に対しては、

領分を騒がし、身分柄にあるまじき企てを起こし、僭越《せんえつ》の建白を行ったことは不届きの至りである。厳重の仕置きを申し付けるべきところであるが、格別のお慈悲をもって、一家残らず領分から永遠の追放を申し付ける。

と一家領内追放処分が下り、その他の名主は「領分内追放」、六角家当主は「隠居」、林は「永《えい》の暇《いとま》」、平塚承貞は「居村追放」となった。*

＊六角家騒動については、田中の自伝のほか、［栃木県一九七八］に所収の峰岸家文書「六角領官民軋轢一件書」、［栃木県一九八四（通史編5）］［稲葉一九七八・一九七九］［佐野市一九七六］などを参照。

第2節　近代思想との出会い

六角家騒動で、田中には一家追放の処分が下ったが、村と村民のために尽力しての処分であったから、村内の人々は田中に好意的であった。実際に領外へ追放されたのは田中自身だけで、家族は変わらず小中村に住んだ。また田中が村の中を通行していても、村民は見て見ぬふりであったという。なお、領外追放の期間に、田中は名を兼三郎から正造と改めている。

田中は母方の親戚宅に寄寓し、六角家騒動時に負った借財の返済に奔走する一方、堀米町の地蔵堂で寺子屋を開いて、近在の子供たちを相手にのどかな時間を過ごした。そこへ赤尾小四郎の塾で同門だった織田龍三郎が訪ねてきて、田中に「江戸留学」を勧めた。田中はその勧告に従い、東京に出ることにした。

明治二年（一八六九）八月に田中が東京浅草の織田邸を訪ねてみると、織田は失職したばかりで、田中も勉学どころでなくなった。しばらくは織田の家僕のようなことをしていたが、そのうち田中と同郷の出身で出京中の江刺県（現在の秋田県の一部）大属早川信齋から江刺県行きを勧められた。この勧めに応じて田中は江刺県行きを決め、明治三年（一八七〇）三月に江刺県附属として花輪分局（秋田県鹿角市）に赴任した。田中正造三〇歳のことである。

赴任の途中、東北の山間農民の食べるものがなくて蕨《わらび》の根を食べている姿を目にして、田中は衝撃を受けた。花輪に着任した田中が命じられたのは、こうした窮民の調査であった。雪の中からゼンマイの根を掘り出して食し、稗糠《ひえぬか》に塩を混ぜた粥をすすって露命をつなぐ東北農民の姿は、田中には大きな衝撃であった。田中は試しに稗糠の粥を食べてみたが、とてものどを通らなかったという。

田中は、窮民一人一日一合ずつの救助米を手当てするよう建議して採用されるなど、精力的に仕事に取り組んだ。そうした働きが認められ、聴訟兼山林掛《がかり》も命じられた。田中は種々の訴訟や罪人の逮捕を手がけるとともに、土地開墾や川普請などさまざまの請願書を受け、その事務処理に忙しい日々を過ごした。

ところが、明治四年（一八七一）二月三日の夜、田中の上司の権大属木村新八郎が就寝中に何者かによって殺害されるという事件が起きる。小使《こづか》いの急報で駆けつけた田中は木村を介抱し、その臨終を見届けたあと、聴訟という役柄から、ただちに犯人探索の手配を進めた。

事件は未解決のまま過ぎた。田中は開墾地請願の整理など職務にいそしんだ。その執務ぶりが認められ、開墾事務の終了次第、本県詰めとする内命を受けた。それから間もない六月一〇日、田中は突如、木村新八郎殺害事件の容疑者として逮捕された。嫌疑の理由は、介抱の際に付着した袴と足袋の血痕、その後の手配の周到さ、犯人の容貌に関する木村の二男の証言が田中に似ていたこと、田中が生前の木村と職務上しばしば激論を交わしていたことなどであった。

身に覚えのないことであったが、田中の釈明は聞き入れられず、花輪分局獄から江刺県獄に護送され、翌年春に盛岡監獄に移された。それから明治七年（一八七四）四月五日の釈放まで、田中は無実の罪で獄中に呻吟せざるを得なかった。ここでも取り調べは不合理かつ苛酷を極め、拷問を伴った。

ところが、明治六年（一八七三）に、獄中の生活が一変した。田中によれば、監獄則が制定されたためであるという。監獄則は日本で最初に制定された監獄法で、明治維新後の文明開化の風潮の中、近代法の一つとして明治五年（一八七二）一一月に制定された。費用の関係で全面実施はできなかったが、部分的に施行された。田中の獄舎でも、獄内に畳が敷かれ、あたかも「一夜の間に地獄のかはりて極楽」になったと田中は述べている。読書も許され、田中は同室の囚人から翻訳書を借り受けて政治・経済を勉強したほか、サミュエル・スマイルズの『西国立志編』（中村敬宇訳）をむさぼり読んだという。

やがて行方不明になっていた木村の二男が見つかった。事件後に静岡に行っており、維新後の混乱の中で、発見に手間取ったのであった。木村の二男が犯人は田中でないと証言し、田中は無罪釈放となった。明治七年四月のことである。なお、郷里に帰る道中でも、彼は福沢諭吉の『英国議事院談』を熱心に読んでいる。

田中は監獄則の制定によって獄中生活が一変したことの感激もあって、積極的に近代思想の摂取に努めた［小松一九九五］。その結果、ヨーロッパの政治制度や議会、国家経済の理解が進み、郷里で田中がそれらを論じても、誰も理解できないということもあったという。また彼の自伝には、帰郷後に勤めた酒屋で田中は福沢の『帳合之法《ちょうあいのほう》』（簿記の解説書）を実践して、かえって店内に混乱をもたらしたり（田中は福沢の諸著作から強い影響を受けたようで、のちに福沢の主宰する交詢社《こうじゅんしゃ》に加入したり、福沢が出演すると聞いた演説会にいそいそと出かけ、結局会えなかったりしている。また明治一三年二月に地方官会議傍聴のため上京した際には、二度にわたって福沢邸を訪れ、話を聞いたことが福沢家の来客名簿から知られる［小松二〇〇一］［三浦二〇〇三］）、あるいは家庭に「家政の憲法」なるものを意気揚々と掲げ、父親の反対に遭って頓挫したりといったユニークなエピソードが綴られている。こうした面白おかしいエピソードは、自伝の読者に対する田中のサービスともいえるが、その一方、新思想に触れて、早速それを試してみようという彼の感激をあらわしている。

田中には自身を「無学」「愚鈍」と称する癖があり（たとえば「生来の魯鈍《ろどん》」とか「予は素より学問なく」、あるいは「予は無学でつくづく仕合せ」など）、またしばしば知識人を口を極めて罵っていたりするため（「今の学士は……みな書冊の奴隷たり」とか「大学廃すべし。腐敗の淵藪たり」など）、知識や学問と無縁のイメージがある。しかし、それは一種の自己韜晦《とうかい》であったり、むしろ知識や学問を大切と思っていたがゆえに、自分にそれが不足しているという自覚の裏返しであったり、あるいはのちに足尾鉱毒問題に取り組むなかで、大学出の知識人がその知識を被害民のために用いようとせずに、政府や足尾銅山のため、あるいは自己の栄達のためにのみ用いることに対する激しい憤りと嫌悪によるものであった。後年のことになるが、田中が自由民権運動家として『栃木新聞』の発行に携わっていた頃の同僚の野村本之助による、

田中君は暇さえあれば読書しておられました。ある朝などは、新聞社に朝飯を食いに行くべき時刻を過ぎても下りて来ないので、赤羽君が二階に呼びに行きましたが、田中君は尚ほカンカンとランプをつけて読書の最中でした。赤羽君が、「田中さん、夜はもう疾くに明けましたよ。飯食いに行こうじゃありませんか。どうして今頃までランプをカンカンさせて置くのです」と言ったので初めて気づき、にわかにランプを消すやら、戸を開けるやらでした［飯田一九八二・一九八三］。

という回想もある。若き日の田中は近代思想や政治制度に関する知識を積極的に摂取していたのである。

田中は明治一〇年（一八七七）末から翌年にかけての西南戦争の際の紙幣増発を見て物価の騰貴を予想し、田畑の購入に奔走した。友人たちは取り合わなかったが、地価はたちまち上昇し、五〇〇円で買った土地が三千余円になった。この利益を元手に田中は政治活動に専念することを決意する。

田中は父親に書を差し出し、

一、今より自己営利的新事業のため精神を労せざること
一、公共上のため毎年一二〇円（すなわち一か月一〇円）ずつ、今後三五年間の政治運動に消費すること
一、養男女二人は相当の教育を与えて他家へ出すこと

への理解を求めた。田中は父親が許可しないものと予想していた。しかし父親は、

ああ、よく言った。おまえの志は素晴らしい。ただ、その目的を達成できるか。

と喜色満面で述べ、

死んでから仏になるはいらぬこと　生きているうちよき人となれ

と禅僧の狂歌を示して賛同した。田中は狂歌に感服し、三日間斎戒し、実行を誓った。
こうして田中は政治の道に入っていく。田中の伝記を著した木下尚江《なおえ》は、田中が政治に道を志した

ことを、仏門に入ることを意味する仏教用語を借用して「政治への発心」と称したが、その後の田中の、名も利も求めない、ひたすらな生き方を思うとき、言い得て妙である［木下 一九二八］。

第二章　自由民権運動時代

本章では、政治に発心した田中が帝国議会衆議院議員になるまで、すなわち自由民権運動時代の田中について考える。特に次の二点に注目したい。

第一に田中の国会開設論である。自由民権運動は国会開設請願運動の様相を帯び、多くの国会開設論が書かれた。ここでは田中の国会開設論を、自由民権運動の「民撰議院設立建白書」および国会期成同盟の建白書と比較する。田中の国会開設論の際立った特色として、彼が「政府が存在するのは人民の福祉をはかるため」ということを強調していることが挙げられる。それは、他の国会開設論が、国会を開設することによって国民の政治参加を促し、それによって国家の富強を目指していたことと著しい相違をなす。

次に、田中の大日本帝国憲法観を考察する。田中は足尾鉱毒問題を、憲法をよりどころに、すなわち鉱毒を流出する足尾銅山の操業とそれを看過する政府の不作為は憲法違反であるということを論拠に、政府に対応を求めた。そのような田中の大日本帝国憲法観および国法観を見ていきたい。

第1節　自由民権家として

明治一一年（一八七八）七月、田中は栃木県第四大区三小区区会議員に選ばれた。区会議員とは明治時代の府県会創設までの地方民会の議員のことである。区会議員に選ばれたとき、田中は次のような誓詞を作って、職務に励むことを人々に誓った。

私は第四大区三小区小中村の公選により第四大区三小区区会議員に選ばれ、明治一一年七月から明治一二年一二月まで職務に当たることになりました。ついては区会規則をはじめ諸規則を遵守し、公平無私・忠誠真実を心掛け、区民に代わって公益をはかることに努めます。ここに衆人の面前において堅く誓いを立てるものです。

地方三新法の公布に伴い府県会規則が制定され、地方議会が開設されると、田中は明治一二年（一八七九）三月の第一回栃木県会議員選挙に出馬する。このとき田中は天海耕作を応援し、自身は次点で落選する。本人の弁によれば、「富蔵」の名や「庄造」の字を記したものが多くあったためという。

同年八月、田中は同志とともに『栃木新聞』を創刊し、自身は編集長に就任した。自由民権論を鼓吹するためである。

これより先、明治七年（一八七四）一月、板垣退助・江藤新平・後藤象二郎・副島種臣らが「民撰議院設立建白書」を政府に提出、これをきっかけに自由民権運動が始まった。民撰議院設立建白書の内容は以下のようなものである。

現在、政権がどこにあるかを考えると、上帝室になく、下人民になく、有司にのみ帰している（有司とは「役人」の意。ここでは大久保利通を中心とする政府の高官を指している）。有司が帝室を尊ばないというわけではない。だが、帝室は徐々にその尊栄を失っている。有司が人民を保たないというわけではない。だが、政令百端、朝出暮改、政刑は情実に成り、賞罰は愛憎に出る。言論は塞《ふさ》ぎ覆われ、人民の困苦を告げることがない。このような状態で天下の治安を望むことが不可能であることは子供でも分かる。この状態を改善しなければ、おそらく国家は土崩するであろう。我々は愛国の情止まないため、これを救う道を講ずる。それはただ天下の公議を張ることにあるのみである。天下の公議を張る方法は、民撰議院を設立することのみにある。それによって有司の権力は制限され、帝室も人民もともに安全と幸福を享受するであろう。

人民にして政府に租税を払う義務ある者は、政府のことを知り、可否を決する権利を有する。これは天下の通論であり、我々が贅言するまでもないことである。それゆえ政府がこの大理に逆らわないことを願う。現在、民撰議院を立てることに反対する者は次のように言う。わが国の人民は学がなく、無智であり、未だ開明の域に進んでいない、それゆえ今日民撰議院を立てるのはまだ早いと。これに対し我々は思う、もしその通りであるならば、そのような人民に学と智を持たせ、速やかに開明の域に進ませる道こそ、民撰議院を設立することである。なぜならば、わが国の人民に学と智を持たせ、開明の域に進ませようとすれば、まず人民の権利を保護し、人民に自尊自重させて、天下と憂楽をともにする気象を起こさせなければならないからである。人民に自尊自重して天下と憂楽をともにする気象を起こさせるには、人民をして天下のことに関与させるべきである。民撰議院を設立することは人民に学と智を持たせ、速やかに開明の域に進ませる道である。

民撰議院を設立すれば、政府と人民の間は情実融通し、一体となり、それによって初めて国は強くなり、政府も強くなるであろう。我々は切に言う、今日天下を維持し振起する道は、ただ民撰議院を設立し、天下の公議を張るにあるのみである。我々が民撰議院の設立を要求するのは、天下の公論を伸ばし、人民の権利を確立し、天下の元気を鼓舞し、それによって上下親近し、君臣相愛し、わが帝国を維持・振起し、幸福安全を保護することを欲してのことである。請う、これを選び給わんことを。

民撰議院設立建白書はイギリス人のブラックが主宰する日刊新聞紙『日新真事誌』に掲載されて、

反響を呼んだ。しかも、その内容の賛否をめぐって活発な論争が新聞や雑誌上で行われたため、反響はますます大きくなった。

同年四月、板垣は郷里の土佐に帰って、片岡健吉・林有造らと立志社を結成した。同月には参議の木戸孝允が台湾出兵に反対して政府を辞している。翌年二月、立志社を中心に全国の民権結社の代表が大阪に集まり、愛国社が結成された。政府の「有司専制」を批判する自由民権運動の高まりと、政府の孤立化に、政府は明治八年（一八七五）二月、大久保利通と木戸孝允と板垣退助が一堂に会する大阪会議を開くことで対処した。この会議の結果、元老院・大審院・地方官会議が新設されたほか、漸次立憲政体樹立の詔が発せられ、木戸と板垣が参議に復帰することになった。

明治一〇年（一八七七）に西南戦争が勃発すると、自由民権運動家たちの中にはそちらに合流しようとする者も現れ、運動は一時停滞した。

しかし、西南戦争の帰趨が西郷軍の敗色で明らかになると、自由民権運動は再び活発化した。明治一一年（一八七八）九月に愛国社再興大会が大阪で開かれ、民権運動家による地方遊説も活発に行われるようになった。自由民権運動は、地方の豪農たちの地租軽減要求と結びつき、豪農や商工業者も参加する広汎な運動に発展した。

自由民権運動は、運動の担い手を、それまでの士族を中心とするものから豪農を主力とする平民主体のものへと広げ、地理的にもそれまでの西日本中心のものから東日本を含む全国的なものへと広げた。同年一一月、大阪で愛国社第三回大会が開かれ、東京支社を設置すること、および次回大会で国会開設請願書を作成決議することなどが決定された。

翌一三年四月に国会期成同盟が結成され、二府二二県八万七千余名の署名を得て国会開設請願書「国会ヲ開設スル允可《いんか》ヲ上願スル書」を元老院に提出した（元老院は受け取りを拒否）。「国会ヲ開設スル允可ヲ上願スル書」は次のような内容である。


天は人民を生み出したとき、これに自由の性を与え、至高の福祉を享受させた。およそ人間たるもの、この本性を保ち、その宝をまっとうしないでいられようか。人間の責任もまた重大なものである。人民が国家を形成し、政法を立てるのも、その本分を尽くし、権利を達しようとすることにあるのである。ところが、わが国では古来、政府だけが国政に任じ、人民はかつてこれに関与したことがない。まことに恥ずべきこと甚だしい。我々は心から恥じ、かつ遺憾に思う。今から参政の権利を得て、それにより陛下の多労を減じ、またこれまで国家の政治を悉《ことごと》く政府に任せ、政府に労をかけた罪を償おうと思う。これが我々の国会開設を望む理由の一である。

およそ国家にとって大切なことは、人民が一致協和することである。人民が一致協和するには、各人が同じように国を愛する心による以外にない。もし人民に愛国の心がなければ、各人がばらばらになって一致協和することはない。国民が一致協和しなければ、変乱が相次いで起こり、百災が兆し、国力は衰退し、綱紀は頽廃《たいはい》し、甚だしい場合には国が滅び、もしくは国家の主権を失い、言葉にならないほどの大害を蒙《こうむ》るに及ぶであろう。人民を一致協和させるには、人民をして自ら国政に関与させ、自ら国事を裁断させることである。人民の愛国の心を減殺させるものは専制政体より甚だしいものはない。王室の安泰を保全し、その鞏《きょう》固《こ》を得るのに立憲政治にまさるものはなく、王位を危殆に陥れ、王位の鞏《きょう》固《こ》を失いやすいのは専制政体より甚だしいものはない。国家を危険に傾け、億兆の不幸を醸しやすいのも、また専制政治より甚だしいものはない。我々国民たるもの立憲政治を望まざるを得ない。立憲政体を立てるには、また必ず国会を開設せざるを得ない。これが我々の国会開設を望む二である。

田中が西南戦争後の時期に政治活動に専念することを志したというのは、この自由民権運動に参加して、「政治の改良」に従事することを意味していたのである。

3　栃木県会議員時代の田中正造（明治19年）〔佐野市郷土博物館蔵〕

明治一三年（一八八〇）二月、田中は栃木県会議員の補欠選挙に出馬して当選を果たす。同月、田中は東京で地方官会議を傍聴し、その際に全国の府県会議員と国会開設問題を討議する機会を得た。

八月、田中は栃木県下の民権結社として安蘇結合会を組織し、その第一回会合を二三日に佐野町春日岡山惣宗寺で開いた。安蘇結合会は一〇月三日に中節社と改称し、田中は中節社の国会開設建白書起草委員に選ばれた。一一月一〇日、田中は東京で開かれた国会期成同盟第二回大会に出席し、一二日に国会開設建白を元老院に提出した。この国会開設建白は、田中が草案を起草し、共同提出者（今泉正路・山口信治）と協議の上、微修正したものである。

この国会開設建白で田中は、国会を開設することは君民一致の希望であるという。国会を開くことが天皇の希望であることは、五箇条の誓文や億兆安撫の宸翰《しんかん》、漸次立憲政体樹立の詔などから明らかであると田中はいう。*

＊五箇条の誓文は、明治元年三月一四日に明治天皇が紫宸殿《ししんでん》において群臣を率いて神明に誓うという形式で示された国是五ヶ条で、その第一条に「広く会議を興し、万機公論に決すべし」とある。

億兆安撫の宸翰は、五箇条の誓文を神明に誓った当日、神明ではなく国民に向けて、天皇の意思を示した宸翰である。宸翰は木版刷りされて、広く周知がはかられた。

漸次立憲政体樹立の詔は、先述の通り明治八年の大阪会議により出された詔勅で、「朕今誓文ノ意ヲ拡充シ、茲《ここ》ニ元老院ヲ設ケ、以テ立法ノ源ヲ広メ、大審院ヲ置キ、以テ審判ノ権ヲ鞏《かた》クシ、又地方官ヲ召集シ、以テ民情ヲ通シ公益ヲ図リ、漸次ニ国家立憲ノ政体ヲ立テ、汝衆庶と倶《とも》ニ其慶ニ頼ント欲ス」としている。

では、人民が国会の開設を希望するのはなぜか。田中の説明は分かりにくいところもあるが、彼の言うことを聞いてみよう。田中は、人民が国会を希望する理由を、四つの点から説明する。

第一に、そもそも国に政府があるのは、我々人民の福祉をはかるためである。およそ人民たるものは政治に参与して、応分の義務を尽くし、それによって陛下の煩労を幾分でも減じようと欲する。これは臣民の衷情である。陛下のみに裁断を仰ぐことは、臣民の分として心苦しいからである。これが我々人民の国会を希望する理由の一である。

第二に、国に政府があれば、もとより人民がその費用を出さざるを得ない。その費用について歳入と歳出のルールを確定しなければならず、これを確定しようと欲すれば、必ず議会を作らなければならない。我々が政府を設けるのは、もとより人民の福祉を全うするためである。その費用は全国の人民が出す。もし議会がなければ、奸臣が私欲を逞しくし、租税を恣意的に増減し、そのため人民が安心できないことは、古今の専制政府によく見られるところである。あらかじめそのような事態を予防する方法を講じることは、国家の治安を望む上で必須のことである。しかも国会を開き、人民をその議に参与させることは天地の公道であり、人民固有の権利を暢達《ちょうたつ》させることである。また我々は徴兵の義務を負い、国家を防衛する義務を負っている。租税と徴兵の二つは特に参政の権を得るに足る。これが我々人民の国会を希望する理由の二である。

第三に、今日のわが国の情勢を考えると、実に危殆の時と言うべきである。内については、財政の困難に陥り、金銀が流出し、紙幣が下落している。外については、外交は困難に陥り、税権と法権(不平等条約の改正のこと)の改正期限はすでに過ぎたにもかかわらず、なお未だこれを改正することができず、実に人民の不幸は甚だしい。このような危急存亡の時に、空しく歳月を経過すれば、国民の困難と災厄はますます甚だしくなるであろう。慨嘆扼腕《がいたんやくわん》せざるを得ない。廟堂《びょうどう》の有司は苟且偸《こうしょとう》安《あん》して眼前の利を謀り、後世の害を招いているのはそもそもどういう心からなのか。府庫《ふこ》空乏し国力疲弊し、日を追って国家の実力を消耗するに至っているのは、政府の政策がよろしきを得ないからである。これが我々人民の国会を希望する理由の三である。

第四に、人民の政治的進歩は実に驚愕すべきほどである。政府が明治一一年に府県会町村会を設置して以来、人民は地方に関する事柄を町村議会で決してきた。人民には町村自治の資質があること明白である。町村や府県で自治が可能であるのに、国会で自治が不可能というわれはない。これが我々人民の国会開設を希望する理由の四である（田中が共同執筆者とともに元老院に提出した建白書では、この第四が削除されており、そのほかはほぼ同一の内容である）。

以上が田中の所論である。田中の所論の際だった特色は、「国に政府があるのは人民の福祉をはかるためである」ということを、ときに唐突の感を催させるほどまでに強調していることにあろう（特に第一の点のところに「そもそも国に政府があるのは、我々人民の福祉をはかるためである」という文言を置いているのは、いかなる文脈によるのか理解に苦しむところですらある）。その他の論拠、たとえば天皇の煩労を省くための国会開設論や、納税者参政権による国会開設論、あるいは政府の専制を防ぐために国会を開設する必要があるという主張は、この時期のほかの国会開設論にも見られるところであって、とりたてて田中の国会開設論の特徴というほどのものでない。

「国に政府があるのは人民の福祉をはかるためである」ことを強調する田中の所論の特色を明確に

するため、先に紹介した「民撰議院設立建白書」や国会期成同盟の「国会ヲ開設スル允可ヲ上願スル書」と比較してみよう。

民撰議院設立建白書の構成は、まず現在の「有司専制」の政府を批判し、次に国会開設の時期尚早論を批判して即時開設を唱え、最後に国会開設の意義と目的を論じていた。国会開設の意義と目的とは、国会を開くことによって政府と人民が一つになり、それによって国が強くなるということであった。すなわち、国会を開くのは国家を強くするためであり、国家を強くするために人民は国会を通して政府と一体となるべきとされているのである。国民は政府と一体となって国家を強くすることに奉仕する存在と見なされている。

国会期成同盟の「国会ヲ開設スル允可ヲ上願スル書」は、人は生まれながらにして自由と権利が保障されているという天賦人権論から議論を始め、その権利ゆえに人民の責任も重大であるが、封建制の下で人民は国政から排除されていたため、その責任を果たすことができなかったと説き、今から参政権を得ることによって、人民はその責任を果たすことができると論じる。すなわち、参政権は権利でなく、国政に対する責任を果たすためのものである。そして、国家にとって最も必要なことは、人民が一致協和することであり、人民の一致協和のために必要なものは、各人の愛国心であると説く。人民に愛国心がなければ各人がばらばらになってしまい、国は衰退し、甚だしい場合には滅んでしまう。人民を一致協力させるには、人民を国政に関与させ、自ら国事を裁断させることである。そうすることによって、人民の間に国家の休戚（喜びと悲しみ）を我が事として捉える気風が生じるであろうというのが「国会ヲ開設スル允可ヲ上願スル書」の主張である。ここでも国会の開設は人民を国政に関与させ、人民の間に一致協和を作り出す道具として捉えられている。また国民は愛国心をもって、国家の隆昌を担う存在と位置づけられている。

　自由民権運動を主導した板垣退助は、自身が自由民権運動を志すことになったきっかけの一つは戊辰戦争の際の会津城攻めの経験にあると述べている。板垣は会津城攻めに際して「会津は屈指の雄藩だから、わが少数の兵をもって攻めるのは無謀の挙であろう」と考えたが、「しかし我々は南国の兵である、ひとたび寒気が襲えば士気は阻喪《そそう》する、それゆえ会津城を埋骨の地と覚悟して、一挙に攻めるしかない」との決意で臨んだという。ところが、存外、会津城はもろかった。なぜか。それは、決死の覚悟で籠城していたのは士族だけであり、一般人民は会津城の運命に我関せずの態度だったからである。会津は天下屈指の雄藩であり、もし上下心を一にして、力を合わせて藩国に尽くしたならば、五〇〇〇未満の我が政府軍では容易に屈せしめることはできなかったであろう。ところが庶民は悉く難を避けて逃散し、歴代藩主の恩に全く報いようとするところなく、藩の滅亡を眼前に見ても風馬牛であった。なぜこうなったのか。一般人民に愛国心がなかったからである。一般人民に愛国心がなかった理由は、上下が離隔していたからである。その後、板垣は民撰議院設立建白書を政府に提出するに至るが、その精神は、わが国が東洋の独立国として屹立《きつりつ》し、富国強兵の実を挙げるには、上下一和が必要であり、挙国一致の精神を発揮し、国家と民生の隆昌をはかるには、公議世論を採る制度を確立して、国民をして国家と憂戚をともにさせる道を立てなければならないということにあったという。
このような国民の捉え方、すなわち国民は上下一致して国家の隆昌を担う存在であるという捉え方は、彼らが批判していた対象である大久保利通とも共通するものであった。大久保は明治六年（一八七三）一一月の「立憲政体に関する意見書」で次のように述べる。

イギリスはヨーロッパの一島国である。面積二万五百方里、人口三二〇〇万余、ノルマンディー・ウイリアムの入国以来わずか八〇〇余年であるが、国威は海外に振るい、万邦を膝下に制し、今日の隆盛に至る。その要因は、三二〇〇余万の国民がそれぞれ自己の権利を暢達するため国家の独立に意を用い、君主もまた人民の才力を通暢させる良政があるからである。

わが日本帝国もまたアジアの一島国であり、面積二万三千方里、人口三一〇〇万余、天智天皇による中興から一千有余年、英国の隆盛に及ばない。その要因は、三一〇〇余万の人民のうち愛君憂国の志ある者は万分の一であり、政体においても人民の才力を束縛し、権利を抑制する弊があるためである。

国家を担う人民の才力と、人民の才力を愛養する政体にしたがって、国家の隆替はこのように明らかである。

政府と一体となり、国家を担う国民の存在を要望している点では、明治政府も自由民権運動も同じなのである。

このような自由民権運動について、歴史家の牧原憲夫は次のように述べている［牧原一九九八］。自由民権運動は政府に議会開設を要求するとともに、民衆に対し、国家の運命に自分の運命を重ねる「わが国」意識、「国民」意識（ナショナル・アイデンティティ）を持たせようとする運動であった。したがって、この時期の政治構造は明治政府と民権運動の二極対立ではなく、民衆を含めた三極対立と見た方が実態に近い。民権派と政府は対立しつつ、「近代国家の建設」「民衆の国民化」という大枠を政府と共有し、民衆と民権派は目指す方向を異にしながらも、「反政府」の一点で共振していたのである。

また、自由民権運動研究者の色川大吉は次のように述べる［色川一九八一］。自由民権運動の当時、「よしやシビルはまだ不自由でも、ポリチカルさえ自由なら」という『よしやぶし』が流行したが、これはシビル、つまり市民的権利＝私権はまだ不自由でも、ポリチカル、つまり政治的権利＝公権さえ自由なら良いというような歌詞である。民権には私権と公権とがある。私権は市民的自由を内容とし、個人の基本的人権に基づくものである。公権は政治的自由を内容とし、政治的権利にかかわる。明治の自由民権家は後者に偏り、前者を軽視した。自由民権運動は、民権を「個人」の人権の基礎の上に捉えることが弱く、民権を「人民」の公権として集団的、実在的にのみ捉えていた。そこには個人としての私権は、集団としての人民の公権の獲得のために犠牲にされても仕方がないという既成観念があった。「志士仁人は身を殺して仁を為す」という志士仁人型の意識である。多くの自由民権家はこれを美しいものとし、この既成観念を克服することを怠った。社会や国家（公の世界）というものを宿命的な共同体、有機的な実態として受けいれてしまい、社会や国家を個人の人権の土台から構成し直してみるという方法を確立しなかった。個人を価値の基本に置かず、集団を個人より上位にある実在だと信じ込むとき、次に来るのは社会や国家といった公の世界のために「滅私奉公」するという精神である。色川は、一八八〇年代の民権家を捉えていた志士仁人意識と、日清・日露戦争の際に盛んに国民に鼓吹された「滅私奉公」はその精神構造において共通性を持つという。このように私権を軽視して公権を重要視し、私的世界より公的世界を優先させ、個人を集団のために「滅私奉公」させるというのは、アジア太平洋戦争の特攻隊にまで通じる近代日本の特質であろう。

こうした大勢の中にあって、田中は政府と人民の一体化を目指す動きと一線を画し、政府と人民を峻別して、政府が存在するのはあくまでも「人民の福祉をはかる」ためであると主張していたのである。田中においては、人民は国家の強大化のために存在するのでなく、むしろ国家は人民を幸福にするために存在するとされるのである。

第2節　田中正造と大日本帝国憲法

明治一四年（一八八一）一〇月、政府は国会開設の詔勅を発し、同月に板垣退助を総理として自由党が結成され、翌年三月に大隈重信を総理として立憲改進党が結成された。田中はもともと民権派を総結集した「立憲政体党」の成立を望んでいたが、自由党結成の過程で林包明ら地方出身者の集団と沼間守一《ぬまもりかず》ら都市出身者の集団の間で確執が生じ、田中は自由党の結成に加わらなかった。田中は『栃木新聞』の関係で、沼間守一らの嚶鳴社《おうめいしゃ》系と近かった。沼間たちが立憲改進党の創立に参加すると、田中は一二月に同党に入党し、翌年一月から田中は栃木県下を立憲改進党への入党勧誘のため遊説して回った。やがて栃木県は全国一の改進党員を擁する「改進党の金城湯池」と呼ばれるようになる。

栃木県会議員としての活躍も続け、明治一三年の初当選以来、田中は県会議員に連続当選を続け、明治一六年四月に栃木県会常置委員に選ばれ、一九年四月には県会議長に選ばれている。以後、明治二三年七月の第一回衆議院議員総選挙に出馬するまで栃木県会議員、県会議長の職にあった。

明治二二年（一八八九）二月、大日本帝国憲法が発布された。田中は栃木県会議長として、帝国憲法発布の式典に参列した。その喜びを田中は友人に「空前絶後の大典たる憲法発布の盛式に参列の栄を得た」と感激して伝えている。

田中は大日本帝国憲法を高く評価していた。田中は憲法を、「今日の憲法を刀にたとえれば村正のごとく、正宗のごとき、よい憲法といわねばならぬ」と評価し、また、

ああ嬉しああ有り難し大君は　かぎりなき宝民に賜ひぬ
憲法は帝国無二の国法ぞ　守れよまもれ万代までも

とも詠っている。

田中が大日本帝国憲法を高く評価したのは、そこに臣民の権利が（法律の範囲内という留保付きであれ）保障されていたからである。

大日本帝国憲法には「第一章　天皇」に続く「第二章　臣民の権利と義務」として次の規定がある。

第二章　臣民権利義務

第一八条　日本臣民タル要件ハ法律ノ定ムル所ニ依ル

第一九条　日本臣民ハ法律命令ノ定ムル所ノ資格ニ応シ均ク文武官ニ任セラレ及其ノ他ノ公務ニ就クコトヲ得

第二〇条　日本臣民ハ法律ノ定ムル所ニ従ヒ兵役ノ義務ヲ有ス

第二一条　日本臣民ハ法律ノ定ムル所ニ従ヒ納税ノ義務ヲ有ス

第二二条　日本臣民ハ法律ノ範囲内ニ於テ居住及移転ノ自由ヲ有ス

第二三条　日本臣民ハ法律ニ依ルニ非スシテ逮捕監禁審問処罰ヲ受クルコトナシ

第二四条　日本臣民ハ法律ニ定メタル裁判官ノ裁判ヲ受クルノ権ヲ奪ハル、コトナシ

第二五条　日本臣民ハ法律ニ定メタル場合ヲ除ク外其ノ許諾ナクシテ住所ニ侵入セラレ及捜索セラル、コトナシ

第二六条　日本臣民ハ法律ニ定メタル場合ヲ除ク外信書ノ秘密ヲ侵サル丶コトナシ

第二七条　日本臣民ハ其ノ所有権ヲ侵サル丶コトナシ

2　公益ノ為必要ナル処分ハ法律ノ定ムル所ニ依ル

第二八条　日本臣民ハ安寧秩序ヲ妨ケス及臣民タルノ義務ニ背カサル限ニ於テ信教ノ自由ヲ有ス

第二九条　日本臣民ハ法律ノ範囲内ニ於テ言論著作印行集会及結社ノ自由ヲ有ス

第三〇条　日本臣民ハ相当ノ敬礼ヲ守リ別ニ定ムル所ノ規程ニ従ヒ請願ヲ為スコトヲ得

第三一条　本章ニ掲ケタル条規ハ戦時又ハ国家事変ノ場合ニ於テ天皇大権ノ施行ヲ妨クルコトナシ

第三二条　本章ニ掲ケタル条規ハ陸海軍ノ法令又ハ紀律ニ牴触セサルモノニ限リ軍人ニ準行ス

この第二章をめぐっては、枢密院における憲法草案の審議の際に、伊藤博文と森有礼の間で、

森：本章の臣民権利義務を改めて、臣民の分際と修正することを提案する。その理由を略述すれば、権利義務という文字は法律には記載すべきものであるが、憲法に記載することは頗《すこぶ》る穏当でない。なぜなら臣民とは英語では subject であり、天皇に対する語である。臣民は天皇に対してはただ分限と責任を有するものであって、権利を有するものでない。ゆえに憲法のような重大な法典には、ただ人民の天皇に対する分際を書くだけで十分で、その他のことを記載する必要は

ない。

井上毅：分際とは英語でいかなる文字か。

森：分際とは responsibility、すなわち責任である。

伊藤：森君の説は憲法学および国法学に退去を命じる説と言うべきである。そもそも憲法を創設する精神は、第一に君権を制限し、第二に臣民の権利を保護するにある。ゆえにもし憲法において臣民の権利を列記せず、ただ責任のみを記載するならば、憲法を設ける必要はない。また臣民の権利を保護せず、君主権を制限しなければ、臣民に無限の責任があり、君主には無限の権力があることになる。これを称して君主専制国という。ゆえに君主権を制限し、また臣民はいかなる義務を有し、いかなる権利を有すと憲法に列記して、はじめて憲法の骨子は備わるのである。また分という字は中国や日本で頻りに用いるところであるが、本章にある憲法上の事柄にふさわしい文字でない。なぜならば臣民の分として兵役に就き、租税を納めるということはできるが、臣民の分として財産を有し、言論集会の自由を有すとはいわないからである。前者は義務であり、後者は権利である。権利と義務とを分別する所以である。維新以来今日に至るまで、わが国の法律は全て臣民の権利義務に関係を有し、政府はこれによって政治を施行してきた。今全くこれに反する政治を施行すべきとは、どのような意図によるのか。森君の修正説は憲法に反対する説というべきである。けだし憲法から権利義務を除くときには、憲法は人民の保護者たることができない。

というやり取りがあった［大久保編一九七二］。伊藤は、憲法は人民の保護者であると考え、それゆえ憲法には君主権を制限し、臣民の権利と義務を明記して、君権を制限し、臣民の権利を保護することが憲法を創設する精神であると明快に主張していた。

また君主権を制限する第四条「天皇ハ国ノ元首ニシテ統治権ヲ総攬シ此ノ憲法ノ条規ニ依リ之ヲ行フ」をめぐっても、枢密院で山田顕義法相から「此ノ憲法ノ条規ニ依リ之ヲ施行ス」を削るべきとの修正意見が出されたが、伊藤は、

本条はこの憲法の骨子である。そもそも憲法を創設して政治を施すというのは、君主の大権を制規に明記し、その幾部分を制限するものである。また君主の権力は制限なきを自然のものとするも、すでに憲法政治を施行するときには、その君主権を制限せざるを得ない。ゆえに憲法政治といえば、すなわち君主権制限の意義であることは明らかである。それゆえ本条がなければ、この憲法はその核実を失い、記載の事項はことごとく無効に帰する。また国の元首の文字は無用であるとの説もあるが、決してそうではない。天皇は国の元首だからこそ統治権を総覧し給うのである。国の元首と統治権とは常に密着して不可分のものである。統治権は元来無限のものであったが、この憲法をもって統治権を制限する以上は、その範囲内においてこれを施行するという意味であって、統治権はあっても、これを濫りに使用しないことを示すものである。ゆえに「此ノ憲

法ノ条規ニ依リ」云々の文字がなければ、憲法政治でなく、無限専制の政体となってしまう。

と述べて譲らなかった。

他方で、先の第二章をめぐるやり取りに続けて、森が、

臣民の財産および言論の自由等は人民が天然に所持するところのものであって、法律の範囲内においてこれを保護または制限するものである。それゆえ憲法においてこれらの権利が初めて生じたもののように言うのは間違いである。よって権利義務でなく、分際とすべきである。

と述べたのに対し、伊藤は、

この憲法の効力により、臣民は法律の範囲内において権利を有するものである。……この章の要件は臣民に民権と政権を与えることを示すことにある。

と述べて、臣民の権利が天与の自然権であるという天賦人権の立場を否定し、憲法によって臣民に民権と政権（私権と公権、自由権と参政権）が与えられるのであるとした。

この大日本帝国憲法を田中が高く評価したのは、小松裕が指摘するように、人民が「切り捨て」にされない社会を保障していたからである［小松一九九五・二〇一三］。田中はのちに、日清戦争前に埼玉県で行った演説「立憲非立憲」で、

旧幕時代には百姓や町人が侍に無礼があったとして切り捨てられたが、今のように憲法の規定がある以上、切り捨てにされて決して勘弁するものではない。

と述べている。また明治二五年（一八九二）に石川県で起きた巡査による殺害事件に関する質問書（草稿）で、

国に憲法政治あり。……土百姓を巡査が殺したくらいの小事件をしつこく議論するなと思う人もいるかもしれないが、私も土百姓である。巡査も同じ人間である。そこが立憲のありがたいところである。

と記している。田中にとって憲法は、人民が権力のある人に「切り捨て」にされないことを保障するものであった。それゆえ憲法は「ありがたい」のであった。田中は明治二九年の日記では「憲法に勲章を与えよ」とも記している。

田中はのちの谷中闘争のなかで書き付けた覚え書きの中で、

我々は死を賭して憲法を守って、ここ（谷中村）を動かない。その訳は、憲法なき国は、どこに行っても安全な場所がないからである。それゆえ我々は自己の自由意志で憲法の精神を守るものである。

と記している。このように田中にとって憲法は人民に安全を保障するものであった。ただ、大日本帝国憲法では臣民の権利は憲法によって与えられるものであり、法律の範囲内で保障されるものであった。それゆえ法律の内容が問題になる。田中は明治二六年の演説で、

人が大切に思うものは生命、財産、自由、名誉の四つであるが、とりわけ生命は大切で、生命がなければ他の三つのものも無用になってしまう。そしてその生命を守るのが法律である。したがって法律を蔑ろにするものは、大切な四つを破壊するものである。国家が存在するのは、この大切な四つのものを守るためである。

と述べている。田中にとって法律とは国民の生命を守るためのものであった。そして田中にとって国家が存在するのは、生命をはじめ国民の財産、自由、名誉を守るためであった。

かつて林竹二が指摘したように、明治国家における法治主義は法律を統治の具とみるものであったが、田中の法律観では、法律とは権力の行使を規制するものであった［林一九七七］。法律とは権力の行使を規制するものであり、また大日本帝国憲法の第二章に保障された臣民の権利を実現するためのものであると考える田中にとって、のちの治安維持法のように臣民の権利を侵害する法律など想定外であったろうし、すでに田中はこの世にいなかったが、もしそのような法律の制定を知ったら、烈火の如く怒り、執念深く法律の廃止を求めて行動したであろう。

旧幕時代に「下野の百姓」として六角家騒動を闘い、理不尽な拷問に苦しんだ田中にとって、臣民の権利を保障している憲法は「村正のごとく、正宗のごとき、よい憲法」であり、旧幕時代になかった新時代の誇るべき所産なのであった。

第三章　足尾鉱毒問題と田中正造

明治二二年（一八八九）二月に大日本帝国憲法が発布され、帝国議会が開設された。田中は明治二三年（一八九〇）七月の第一回衆議院議員総選挙に出馬、当選を果たした。田中正造五〇歳。翌年一二月、第二議会で田中は足尾鉱毒問題を初めて取り上げる。以後、彼が生涯をかける銅山および政府との闘いが始まる。本章では、第一に足尾鉱毒問題とは何かを説明する。第二に衆議院における田中の足尾鉱毒質問を取り上げ、第三に被害地で行われていた被害地と古河市兵衛との間における示談契約について見る。

第1節　足尾鉱毒問題の発生

足尾鉱毒問題の原因となった足尾銅山は栃木県上都賀郡足尾町に位置する。開山は天文一九年（一五五〇）といわれるが、公表は慶長一五年（一六一〇）のことである。鉱山の発見は利権が絡むため地元民によって隠されるのが常であるところ、三代将軍家光の就任という祝事に合わせて公表されたのである［栃木県一九八四（通史編8）］［村上二〇〇六］。徳川幕府は銅山を直轄とし、足尾に鋳銭座を設けて、御用銅山とした。本格的な採掘が進められ、寛文年間に年産三〇満貫、貞享年間には四〇満貫を産出し、足尾の町も「足尾千軒」と呼ばれる活況を呈した。当時の代表的な通貨である寛永通宝が鋳造されたこともある（裏面に「足」の字が刻まれていたことから足字銭と呼ばれる。またお金のことを「お足」というのはこのことからきている）。しかし、享保期以降は衰退し、元禄年間には年産一〇満貫に落ち込んだ。そして廃山同然で幕末維新を迎えた。

廃山同様の足尾銅山を古河市兵衛《ふるかわいちべえ》が取得したのは明治一〇年（一八七七）のことであった。古河市兵衛は天保三年三月一六日（一八三二年四月一六日）京都岡崎に生まれた。幼名は木村巳之助。生家の木村家は京都岡崎で代々庄屋を務める家柄であったが、父の代には没落しており、巳之助は豆腐を売り歩いて家計を助けた。嘉永二年（一八四九）、高利貸しを営む叔父を頼って盛岡に移り、同地で叔父を手伝って貸し金の取り立てに精を出した。安政四年（一八五七）、叔父の口利きで京都小野組の番頭だった古河太郎左衛門の養子となり、翌年に古河市兵衛と改名した。市兵衛は養父に才能を認められ、小野組での地位を順調に上げていった。しかし明治政府の公金取り扱いの変更政策などにより小野組は破綻、市兵衛は独立し、鉱山事業に乗り出すことにした。小野組時代から縁があった元相馬中村藩主を名義人として草倉鉱山を取得、経営は順調であった。そして明治一〇年、市兵衛は相馬家を買い取り名義人として足尾銅山を買収する。

4　足尾銅山全景（『風俗画報』増刊 234 号，明治 34 年）

　古河市兵衛が買い取った当時の足尾銅山は産銅高五六トン、全国比わずか一・二%の銅山だった。足尾銅山の将来性に悲観的な意見が多い中、古河市兵衛は周囲の反対や冷笑をものともせず、「必ず早晩《そうばん》成功する」と自らの勘を頼りに、「ズンズンやって往《い》った」という。やがて明治一四年（一八八一）五月に鷹の巣坑という鉱脈を掘り当てて、銅山事業は軌道に乗った。これにより足尾銅山の年間産銅額は明治一三年の一五万四〇〇〇斤《きん》（一斤は一般に一六〇匁《もんめ》、約六〇〇グラム）から明治一五年の二二万三〇〇〇斤、一六年の一〇八万九〇〇〇斤（六五三トン）に増加した。さらに明治一七年（一八八四）五月には「横間部の大直利」と呼

5　古河市兵衛〔国立国会図書館蔵〕

ばれる一大鉱脈が発見され、足尾銅山の年産額は明治一七年の三四八万九〇〇〇斤（二三〇九トン、全国比二六％）、一八年の六八八万六〇〇〇斤へと一挙に増加した。

武田晴人『日本産銅業史』によると、日本の産銅業は三つの段階を経て発展した。第一は、日本が近代化を始めた頃の世界市場における銅の人気である。当時は世界的に電気化が進行した時代であり、電気事業に関連する加工製品の材料として銅需要が増加し、日本の産銅業は輸出産業として発展した。第二は日露戦争に伴う軍需によるものである。銅は兵器の素材となった。第三は日露戦争後の日本国内の内需拡大によるものであった。日露戦争後には日本国内も電気化が進み、電気事業の拡大に伴い銅需要が増加した。また日露戦争後の重工業の発展により、造船・造艦材料として伸銅品の需要が増加した［武田一九八七］。このうち第一の段階である明治二一年（一八八八）六月、古河市兵衛はイギリスのジャーデン・マジソン商会と売銅契約を結んだ。明治二一年八月より同二三年一二月までの二九か月間、全額一万九〇〇〇トンの売銅契約であった。この契約を履行するために月六五五五トンの銅生産が必要であった。明治二〇年の銅生産は月三七一トンであったから、六〇％の増産が必要だったのである。市兵衛は産銅量増加に全力を挙げた。

古河市兵衛は増産のため資本投下を惜しまず、鉄橋（古河橋）を架設し、私企業で最初の実用と

6　古河橋

いわれる私設電話を銅山に敷き、水力発電所を竣工して坑内排水や巻き揚げの動力を電化した。また細尾峠に架空鉄索道（ロープウェー）を設置し、電気鉄道を敷設した。古河橋はドイツ製の鉄橋を用いた当時最先端の橋であり、間藤水力発電所は日本における鉱工業電化の草分けといわれる［村上二〇〇六］。

こうした市兵衛の積極的な経営戦略によって足尾銅山は日本一の銅山と呼ばれるまで発展していく。明治一七年以降、全国総産銅高のおよそ四〇％が古河経営の銅山から産出され、そのうち七〇％以上が足尾銅山で生産されていた。足尾銅山は一山でもって全国産銅の約二八％を占めたのである。第二位の愛媛県別子《べっし》銅山の全国産銅高に占める割合は足尾のほぼ半分であった。

銅山が発展するにつれて、足尾の町も栄えていった。江戸時代の寛政八年の統計で三四〇戸・一三七〇余人であった足尾の人口は、明治二八年年一万一五四九人、三〇年二万七四二六人、三五年三万二七〇八人、四〇年三万四八二四人と増えていった。この数字は栃木県内では宇都宮市の三万五二二七人に次ぐ数字で、足尾町は栃木県内第二位の都市の発展した。市兵衛自身、鉱業の面白さについて、

鉱業を起こすには、ちょうど新しい植民地を開拓するように、深山の奥で、新しい町や村を建てるのであるから……世の中の人間に必要なことはすべて注意しなければならない。それゆえに私にとってはなかなか面白い仕事である［古河市兵衛伝一九二六］。

と述べている。

古河市兵衛のモットーは「運鈍根《うんどんこん》」であったという。鈍だから根気よく、自分の尽くすだけを尽くして、あとは運に委ねるという意味である。また市兵衛はいわゆる爪に火をともす吝嗇家でなく、むしろ資財を投じて事業の拡大を楽しむ風があったという［古河市兵衛伝一九二六］。市兵衛は自らの勘を頼りに根気強く掘り続け、鷹の巣坑と横間部坑という大鉱脈を掘り当てて産銅量を飛躍的に増加させ、それまで草倉鉱山の利益をつぎ込むばかりで採算のとれなかった足尾銅山を日本一の銅山に仕立て上げた。

しかし、足尾銅山の産銅量の増加は、他方で鉱毒被害を生じさせることにもなった。異変は銅山を流れる渡良瀬川の魚にまず現れた。銅山から排出される大量の廃石や鉱滓、有毒重金属を含む酸性廃水により、渡良瀬川の鮎の大量死や鮭の漁獲量の激減などの現象があらわれた。明治一八年（一八八五）八月一二日の『朝野新聞』は、

渡良瀬川の魚が急に少なくなったり、疲労して泳げなくなる現象が見られ、漁業者は今年は鮎漁は皆無となろうと嘆息している。このようなことは当地では未曾有のことなので、人々は皆「足尾銅山より丹礬《たんばん》（硫酸銅から成る鉱物）の気が流出したことによるものであろう」と噂し合っている。

と報じている。

魚がいなくなれば、漁業従事者も減少する。渡良瀬川沿岸の安蘇・足利・梁田郡の漁業従事者は、明治一四年には二七七三人だったが、二一年には七八八人に減少した（なお古河鉱業の社史によれば、鉱毒による渡良瀬川の魚族への被害はすでに江戸時代にも出ており、宝永七年〈一七一〇〉の「村指出誌免書上書」に足尾銅山ができてから鮭の漁獲が減り、そのため免租を願い出ると記されているという［古河鉱業一九七六］）。

さらに明治二二年（一八八九）と同二三年（一八九〇）の夏、大雨により渡良瀬川が氾濫した。渡

7　洪水の状況（谷中村雷電神社付近，明治40年の光景）〔佐野市郷土博物館蔵〕

良瀬川の氾濫により、川の鉱毒は周辺農地に及んだ。明治二三年八月二三日の洪水は「五十年来の大洪水」と称されたほどで、二七日の『下野新聞』の記事によれば安蘇・足利・梁田の三郡は「一望限りなき海原」となり、鉱毒水に浸かった農作物はことごとく腐ったという。

渡良瀬川は、利根川との水位の差から、洪水の起こりやすい川であった。渡良瀬川と利根川はもとは別の流れであったが、江戸時代の初めに利根川の洪水が江戸に及ぶのを防ぐため大規模な工事が行われ、両川が結びつけられた。この工事により渡良瀬川は利根川の支川となり、利根川の洪水が勾配の緩やかな渡良瀬川に逆流するようになった。さらに明治に入ると、政府は東京湾築港のため、明治一〇年代中頃から江戸川の「棒出し」を行った。丸太やセメントで江戸川の川幅を狭めて、江戸川からの土砂が東京湾に流入を防ぐための工事であった。これにより、せき止められた水流が利根川に逆流し、渡良瀬川の氾濫をいっそう引き起こしやすくなった［渡良瀬遊水地成立史編纂委員会編二〇〇六］。

そのうえ足尾銅山の開発は渡良瀬川をいっそう氾濫しやすい川にした。銅山は、坑内の支柱材として、またボイラーの燃料として、多量の山林資源を消費した。ほかにも鉱夫の宿舎や諸施設に使用するため、あるいは製錬過程で用いる木炭としても、銅山は大量の木材を必要とした。その必要に応じるため銅山は山林の樹木を濫伐した。銅山の伐木は、明治一四〜一六年間が八〇町歩余りであったのに対し、一七年には一六〇町歩余り、一八年は五〇五町歩余り、二一年には一五八四町歩余りへと拡大していった。無立木地は明治二六年ごろには約一万三〇〇〇町歩に達し、そのうち一〇〇〇町歩は荒廃の状況であったという。

また、製銅所からは有毒ガスが流出した。日本の銅鉱石は多くが硫化鉱（黄銅鉱）であり、硫黄分を大量に含んだ黄銅鉱を溶鉱炉で溶かすと、硫黄分が大気中の酸素と化合して亜硫酸ガスとなった。この有毒ガスが樹木に被害を与え、周辺の樹木を枯死させた。山林資源の濫伐と有毒ガスによる枯死とにより、山の樹木は失われ、山は雨水を食い止める力を失った。

しかも、地肌を露出した山から多くの土砂が銅山を流れる渡良瀬川に流れ込み、河床を上昇させた。また銅山は鉱滓を渡良瀬川に投棄しており、それも河床を上昇させた。こうして、もともと洪水の起こりやすい川であった渡良瀬川は、いっそう氾濫しやすい川になった。かつての洪水は山から腐葉土を含む適度に肥沃な土砂を運び、堤防内の耕地に豊作をもたらす恵みの洪水でもあったが、今や鉱毒を運び、農作物に深刻な被害を与え、耕地をやせ衰えさせるものとなった。栃木県足利郡吾妻村村長亀田佐平が折田平内知事に宛てた上申書は、

昔は、ひとたび洪水があると、多少の害をこうむるも、田面に残った土砂が肥料となり、両三年間は肥料を用いずとも稲作の繁茂を見たものである。近年はこの土砂がかえって有害となり、肥料を倍に施しても収穫が減じる。すでに明治二一年より今年に至る未曾有の不作により一粒の収穫も見ることができない。

と述べている。

農作物および農地への直接被害が出るに及んで、渡良瀬川下流沿岸地域の人々が声を上げ始めた。この時期の中心人物は東京専門学校（現在の早稲田大学）学生の長祐之、足利郡選出県会議員の早川忠吾、吾妻村長の亀田佐平らであった。彼らは明治二三年一〇月に栃木県立宇都宮病院に渡良瀬川の水質調査と泥土の検査を依頼するとともに、足尾銅山の現地調査を行った。宇都宮病院からは「飲料に適さない」との調査結果を得た。一二月、長祐之が『下野新聞』に「足尾鉱毒について渡良瀬川沿岸の士民に訴える」を寄稿して、鉱毒被害を訴えた。また長は足尾鉱毒問題に関する最初の出版物である『足尾銅山鉱毒・渡良瀬川沿岸被害事情』を明治二四年に刊行した（長は栃木県梁田郡梁田村の元士族で、吾妻村の亀田や毛野村の早川らと鉱毒調査や県への上申などを行った。のち足利町長）

〔足利市一九七六〕。なお、同書は発禁処分となったため、発行者を変えて『足尾之鉱毒』と題するパンフレットがあとを継いだ〔館市立図書館一九七二〕。

地方議会も動き始め、一二月、栃木県会は折田平内知事に対し、「丹礬毒」が渡良瀬川沿岸を侵しているので、害毒除害の処分を求める建議を採択した。同月、栃木県吾妻村が臨時村会を開き、

一個人の営業により社会公益が害されているので、当局へ稟請の上、該製銅所の採掘を停止し、渡良瀬川沿岸村民の農桑業を増進し、安寧幸福がもたらされることを希望する。

との上申書を決議した。翌年二月、群馬県会でも鉱毒問題が論議され、三月に調査と救済を求める以下の建議を県知事に提出した。

栃木県下足尾の銅山の鉱業が盛大になるにつれて、汚穢物および薬品の放流、ならびに山林伐採等により、本県下渡良瀬川沿岸の地に容易ならざる関係をもたらしているゆえ、県庁において精密の調査を遂げ、弊害が存在することが明らかになった場合には、その救済において相当の処置を下されたく、議会の決議をもって建議に及ぶものである。

明治二四年（一八九一）五月、足利郡吾妻村と毛野村の有志が帝国大学農科大学に被害地の土壌分

析を依頼、栃木県と群馬県県も調査を依頼し、翌年二月、農科大学助教授の古在由直《こざいよしなお》と長岡宗好が調査結果を回答した。古在らの回答は、

被害地の土壌を見ると、おおむね固結の状態を呈している。このような状態は耕耘《こううん》に困難を来すのみならず、これに随伴する諸種の有害な作用が存在することは間違いない。……土壌の化学的組成を精査する必要を感じ、数十のサンプルを採集して植生に有害な物質の有無を調べたところ、多少の銅分と多量の硫酸が存在するのを発見した。

というもので、鉱毒の主成分は銅の化合物、亜酸化鉄、硫酸であり、「植物が生育しないのは土壌中に銅化合物が存在するのが原因であろう」というものであった〔内水編一九七一〕。

第2節　田中正造の鉱毒演説

明治二三年（一八九〇）七月の第一回衆議院議員総選挙に当選した田中正造は、翌二四年（一八九一）一二月の第二議会で足尾鉱毒問題を取り上げた。「足尾銅山鉱毒の儀につき質問書」を提出して、大日本帝国憲法第二七条に「日本臣民はその所有権を侵されることなし」とあり、日本坑法第

一〇款第三項には「試掘もしくは採掘の事業にして公益に害あるときは農商務大臣は既に与えた許可を取り消すことを得」とあり、鉱業条例第一九条第一項には「試掘もしくは採掘の事業にして公益に害あるときは、試掘については所轄鉱山監督署長が、採掘については農商務大臣が既に

与えた許可もしくは特許を取り消すことを得」とある。栃木県下野国上都賀郡足尾銅山より流出する鉱毒は群馬栃木両県の間を通ずる渡良瀬川沿岸の各郡村に年々巨万の損害をこうむらせている。明治二一年より現在にわたり毒はいよいよその度を加え、田畑はもちろん堤防や竹樹にいたるまで害をこうむり、将来いかなる惨状を呈するにいたるかも計り知ることができない。それにもかかわらず政府がこれを緩慢に付す理由は何か、これまでの損害に対する救済の方法は何か、将来の損害に対する防遏《ぼうあつ》の手順は何か。

と政府に問うたのである（明治二四年九月一六日付の書簡に「拝啓　鉱毒事件につき突然ちょっと帰郷いた

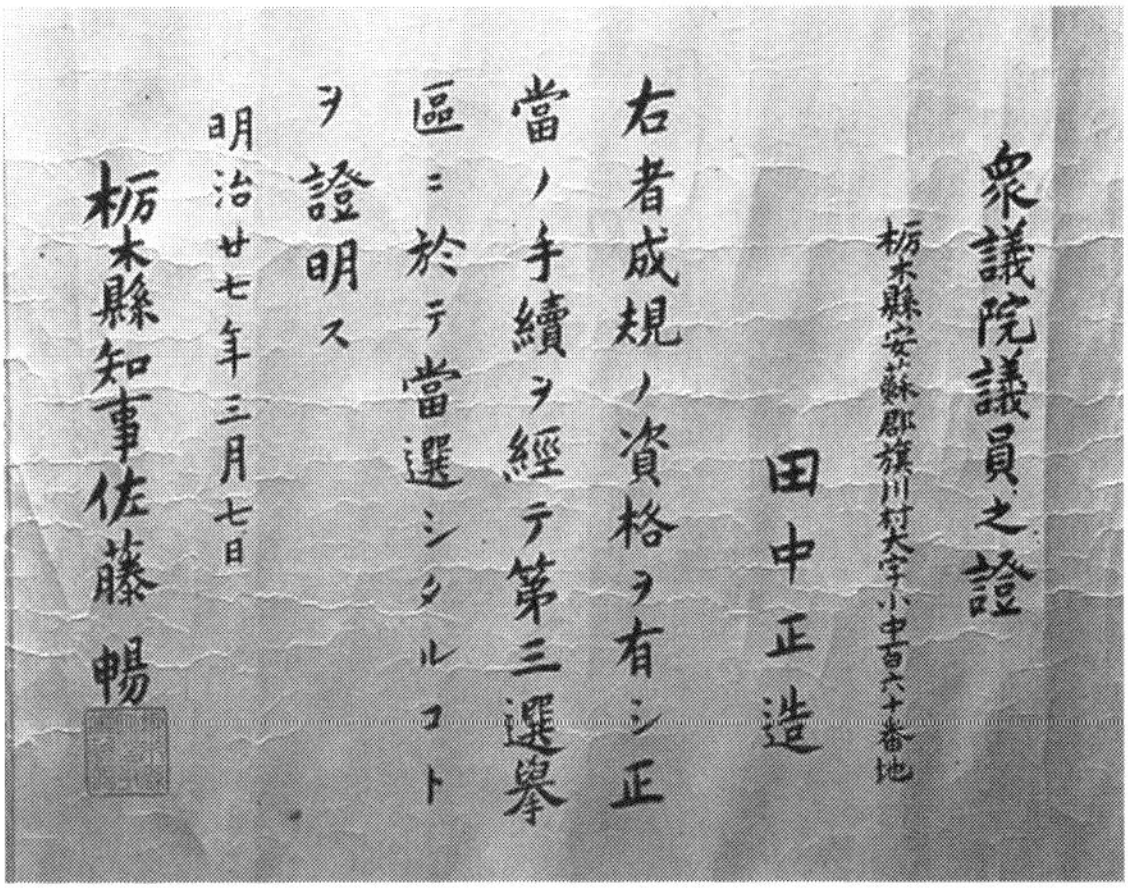
衆議院議員之證
栃木縣安蘇郡旗川村大字小中百六十番地
田中正造
右者成規ノ資格ヲ有シ正
當ノ手續ヲ經テ第三選擧
區ニ於テ當選シタルコト
ヲ證明ス
明治廿七年三月七日
栃木縣知事佐藤暢

8　田中の衆議院議員当選証書（明治27年）〔佐野市郷土博物館蔵〕

し候」とあるように、田中はこの年九月に帰郷して鉱毒事件を調べている［小松二〇一三］。

田中の質問は、大日本帝国憲法第二七条に定められた所有権の不可侵と、日本坑法第一〇款第三項および鉱業条例第一九条第一項に定められた「公益に害ある」場合の採掘権の取消し規定を根拠に、足尾銅山の操業を放任している政府の責任を問うものであった。

大日本帝国憲法第二七条を含む第二章の「臣民の権利義務」に対する田中の高い評価については既述した。日本坑法は明治六年（一八七三）に公布され、翌年施行された法律である。すべての鉱物は政府が専有するという原則に立ち、政府以外の者が開坑して鉱山業を営むためには、政府から鉱区を借区して鉱業を営むという請負稼業の形態になっていた。政府から許可される借区権は、最長一五年の有期であり、継続借区願も可能であったが、その許否の基準は明文化されず政府の専権になっていた。このことは鉱山の経営を不安定にしただけでなく、長期にわたる資本投下をためらわせるものであったから、鉱業発展の阻害要因となった。そこで明治二三年（一八九〇）九月に鉱業条例が公布された［高木一九七四］［村上二〇〇六］。

鉱業条例の主な内容は次の二点であった。第一に、日本坑法にあった最長一五年間有期の借区期間という規定が廃止され、一度特許された採掘権は特別な違反がない限り無期限に認められることとなった。

第二点は、日本坑法には存在しなかった点で、①土地所有者（地主）と鉱業資本との関係、②公益と鉱業資本との関係などを規定した。①土地所有者との関係では、鉱業経営上鉱山周辺で必要とする土地の使用について、鉱業人から請求があった場合、その土地の所有者は請求を拒否できないこととした。もともと地主の土地所有権は地表部分、鉱物の採掘権は地下埋蔵物に限定されていたが、実際の鉱業経営には坑口周辺の土地や、鉱物・土石の堆積場、道路・溝渠、精錬場、事務所・宿舎など地表部分の使用を伴った。鉱業条例では鉱業人の経営を優先させた。ただし、「土地使用に依り所有者又は関係人に損害を与ふるときは鉱業人は之に対し相当の賠償を為すべし」（五〇条）と賠償責任を規定していた。②公益との関係については、一九条一項「試掘もしくは採掘の事業にして公益に害あるときは、試掘についいては所轄鉱山監督署長が、採掘についいては農商務大臣が既に与えた許可もしくは特許を取り消すことを得」、五九条「鉱業上に危険の恐れあり、または公益を害すると認めたときは、所轄鉱山監督署長は鉱業人その予防を命じ、または鉱業を停止させる」とした〔高木一九七四〕。

田中は日本坑法第一〇款第三項に「試掘もしくは採掘の事業にして公益に害あるときは農商務大臣は既に与えた許可を取り消すことを得」とあること、および鉱業条例で公益と鉱業資本の関係について第一九条第一項で「試掘もしくは採掘の事業にして公益に害あるときは、試掘についいては所轄鉱山監督署長が、採掘についいては農商務大臣が既に与えた許可もしくは特許を取り消すことを得」と規定されていることをもって、公益に害ある鉱業の停止と既往の損害に対する補償を求めたのであった。

田中の質問に対する政府の答弁は、議会閉会後に答弁書という形で官報に登載された。

一、群馬栃木両県下渡良瀬川沿岸における耕地に被害があることは事実であるが、その被害の原因については未だ確実なる試験の結果に基づく定論があるわけでない。
二、被害の調査については、栃木県へは明治二四年二月から八月までの間に前後三回、群馬県へは七・八月に一回ずつ技術官を派遣して実地調査を行い、土壌の分析試験に従事させた。……害因と除害方法との研究に従事中であるが、まだ結了していない。
三、鉱業人は鉱業上なしうる予防を実施し、さらに独米両国から三種の粉鉱採集器を購入し、各種合わせて二〇台を新設して、一層鉱物の流出を防止する準備を行っている。

これに対し田中は明治二五年（一八九二）五月二四日、第三議会に「足尾銅山鉱毒加害の儀につき質問書」を提出し、

政府の答弁書中に「被害の原因については未だ確実なる試験の結果に基づく定論があるわけでない」とある。しかし、これは一時しのぎの遁辞《とんじ》である。なぜなら、答弁書の末段に、「鉱業人は鉱業上なしうる予防を実施し、さらに独米両国から三種の粉鉱採集器を購入し、各種合わせて二〇台を新設して、一層鉱物の流出を防止する準備を行っている」とあるからである。これは暗に鉱毒が有害であることを自認しているものであろう。農商務大臣の答弁は前後《ぜんご》撞着《どうちゃく》、曖昧模糊《あいまいもこ》としていて、要領を得ない。

と政府答弁書の第一項と第三項の齟齬《そご》を指摘し、さらに、

足尾銅山は近年盛大となり、同山から流出する鉱毒は群馬栃木両県の間を通ずる渡良瀬川沿岸七郡二八か村に巨万の損害をこうむらせ、さらに毒は年を追って度を加え、このため現在では田畑のほとんど不毛に至ったものはおよそ一六〇〇余町に及び、その他にも害の及ぶ土地は甚だ多い。それだけでなく、渡良瀬川堤防の芝草が枯死していったために、いったん洪水が氾濫すれば、予想外の崩壊をもたらす。かつ渡良瀬川の魚族は急速にその数を減じ、今ではほとんど姿を消し、そのため漁業を生業とするものが明治一四年には二七七三人であったものが、二一年には七八八人に減り、現在はほとんど皆無の有様となってしまった。鉱毒の加害はこれにとどまらず、飲料水に波及し、沿岸人民の衛生を害するなど、その惨状は実に見るに忍びない。

と被害状況を訴えた。

同質問に関する議会演説では、

渡良瀬川沿岸に居住している人民は、銅山が繁盛して、銅山の害毒のため、その土地に住むことができなくなる場合が出てきています。憲法上からいえば、法律の定めるところによって納税の義務を負担する人民が、税を納めることができなくなってきたということであって、政府は銅

山を処分しなければならないのである。……処分するにも緩急があって、なるべく早く処分をしなければならない。一日遅くなれば、一日分損害をこうむるのです。

　農商務大臣は古河市兵衛の事業というものは国家に有益のものであるという。私は古河市兵衛の事業が有益であることを否定するわけではないが、こちらも租税の義務を負担している。古河より先にこの土地に住んでおり、租税の負担をしている人民が今日その土地にいることができない、祖先伝来の田畑を耕すことができず、祖先伝来の田畑が実らなくなったという事実と比べられるものでない。


と被害民が自分の土地に住めなくなっていること、すなわち土地の所有権が侵害されていること、および帝国憲法に規定されている納税の義務を果たせなくなっていることを理由に一日も早い政府の処分を求めた。

　この田中の質問に対する政府の答弁書は、

足尾銅山から流出する鉱毒が群馬および栃木両県下にまたがる渡良瀬川沿岸耕地被害の一原因であることは、試験の結果により認められる。しかし、この被害が公共の安寧を危うくするような性質を有するものでないだけでなく、その損害の程度は足尾銅山の鉱業を停止させるほどのものでないため、鉱業条例第一九条により鉱業の特許を取り消すべき限りではない。

というもので、鉱毒被害は公共の安寧を危うくするようなものでなく、また被害の程度も足尾銅山の操業停止に値しないというものであった。

これに対し田中は六月一四日の「足尾銅山鉱毒加害に関する農商務大臣の答弁につき質問書」で、

帝国憲法第二一条には「日本臣民は法律の定めるところに従い納税の義務を有す」とあり、同第二七条には「日本臣民はその所有権を侵されることなし」とある。しかるに、今群馬栃木両県下の人民は納税の義務を有する田畑を侵害され、まさに塗炭に苦しむの惨状を呈するにもかかわらず、農商務大臣は尚これをもって公共の安寧を危うくするものでないとし、かつ鉱業を停止させるほどの程度にあらずと言う。それでは農商務大臣の言う公共の安寧を危うくするとはどういうものをいうのか、また鉱業を停止させるほどの程度にあらずとは何を標準としているのか。

と農商務大臣が公共の安寧を危うくするものでないといい、鉱業を停止させるほどの被害でないというのはどういうことかと問うた。さらに同質問に関する議会演説では、

政府答弁書には、地方の公共の安寧に害があると認めないから、まだ足尾銅山の操業を停止させるほどでないということがありますが、公共の安寧を害するに至らないとはどういうことか。す

でに害を受けている人民は何万と数えるほどであって、田畑の町歩は二郡二八か村で一七〇〇町歩余、これは直接の被害であって、その他害の及んだところというのがたくさんあるにもかかわらず、公共に害があると認めない、安寧を害すと認めないとは、なぜそのようなことがいえるのか、あまりにひどい事実誤認である。

と足尾銅山の鉱毒が公共の安寧に害を及ぼしているとして、政府の見解を批判した。

以上のように、この段階における田中と政府の応酬は、「公益」の観念をめぐって行われていた。田中が政府を追及する論理は「所有権」と「公益」の二つであった［小松一九九五］。田中は大日本帝国憲法が保障している臣民の権利を侵害しているとし、そのような状態を放置している政府の責任を追及した。また、田中は、足尾銅山から流出する鉱毒により渡良瀬川の魚類および沿岸地域の農地に被害が出ていること、父祖以来の土地が害されていること、それらにより税金を納めることができなくなっていることをもって、足尾銅山が「公益」を害していると主張した。田中は納税を国民の重要な義務、ときには権利とすら見なしていた。税を納めることであらゆる権利が保障されるからである。彼は明治二八年三月の書簡で、

租税は法律上の責任のなかでも特に重いものである。……それなのに、悪徳商人の古河市兵衛ら

が人々を欺《あざむ》き、国家の税金を減少させているのは容易ならぬ一大事件である。

と述べている。田中にとって「公益」とは納税額であった［小松一九九五］。そして、税収という点では、被害地から得られたはずの税額が銅山からの納税額を上回っていた。少し後の数値になるが、明治二九年度についていえば、銅山が納めたのは鉱業税二万七二一円、鉱区税六八九円（第一四議会における花井卓蔵議員の質問に対する政府答弁）、これに対し被害地の鉱毒免租地（被害地では被害の程度に応じて地租が免じられていた）は二万四四五〇町二段八畝一一歩、ここから得られるはずの地租額は一七万二六七三円一六銭一厘であった（同議会における門馬尚経議員の質問に対する政府答弁より）。

だが、それでも政府は、足尾銅山は「公益」を害していないと主張した。それは政府が鉱毒を「公共の安寧」を危うくするようなものでないと考え、鉱毒による損害の程度は鉱業を停止させるほどのものでないと考えていたからであった。また、田中は「公益」を納税額で計ったが、政府にとって「公益」は納税額だけでなかった。すでに見たように、この時期の産銅業は輸出産業であった。そのことは、日本資本主義の全構造からみると、輸出されることによって銅は金・銀貨の正貨獲得の役割を担っていたことになる。明治維新後、恒常的に輸入超過の状態にあった日本にとって、産銅業は貴重な外貨獲得手段であったのである［高木一九七四］。

また政府の「公益」観は明治二五年（一八九二）二月一〇日『東京日日新聞』に掲載された鉱山局

長和田維四郎の見解に見て取ることもできる。

世間には公益を害するという理由で鉱業を停止すべきと主張する者がある。しかし鉱毒の害は公益の害とはいえない。そもそも公益の害とは、人命・居住・交通の危害など、賠償によっては救済することのできない公安の害、および被害が巨大のため賠償することのできない公利の害、この二つを合わせて公益の害というのである。渡良瀬川沿岸の被害は、かりに足尾銅山から流出する鉱物のためとするも、足尾銅山から生じる公利は被害地の損害よりはるかに大きく、損害賠償によって十分に救済することのできるものである。

すなわち、足尾銅山から生じる鉱毒は、人命・居住・交通の危害のような「公安の害」でなく、また損害賠償ができないような「公利の害」ともいえないから、足尾銅山は「公益」を害するとはいえないというのである。たとえ鉱毒による被害があるとしても、損害賠償によって救済することができれば、それは「公益」の害とはいえないというのが政府の立場であった。

田中が「公益」を納税額のみに求めている限りは、政府の複合的な「公益」観にうち勝つことは困難であった。

第3節　示談契約

他方、被害地では、この時期、被害民と古河との間で示談契約が進んでいた。明治二四年（一八九一）一二月、栃木県会が県知事に対して、除害方法を調査研究するとともに古河と被害地住民との被害賠償に関する示談方法を研究することを提議した。これを受けて知事は県会と協議して、仲裁会を組織して、被害地と古河との間の交渉に当たらせることとした。仲裁会は、県知事を委員長とし、正副県会議長、安蘇・足利・梁田三郡選出の県会議員全員、他郡選出の県議各一名の計一九名を委員とした。明治二五年（一八九二）二月に仲裁会は発足した。

仲裁に当たった仲裁会の考えは、同会の「足尾銅山鉱毒事件仲裁意見書」などから知ることができる。

足尾銅山は年々二〇〇万円以上の巨額の鉱物を産出する東洋無比の鉱山で、ひとり古河市兵衛氏の事業として多額の利益があるだけでなく、国家の経済上において最も重んずべき一大富源であることは疑いない。また間接の利益としては我が県下の各地に対して米、味噌その他百般の雑貨を需用し、そのため県下に多大な利益を与えている。また足尾町に居住する数万の人口は、直接であれ間接であれ、鉱業によって生計を営んでいる。それゆえ銅山の事業を廃止すれば、ただちに国家は巨大な富源を失い、県下の利害は害され、数万の足尾住民は糊口を失うに至る。本当に鉱毒が実際に害を加えるものだとしても、にわかに鉱業の停止を論ずべきでないと信じる。……しかし、翻って渡良瀬川沿岸の被害各地を見れば、多数の良民は祖先伝来で経営してきた耕地が年を追って生産力を減退し、甚だしきに至っては不毛の地となるのを見るに至っている。なすことなくこれを看過していれば、被害地多数の人民は産を破り、業を失うに至る。これまた決して軽々に付すべきものでない。……要するに我々仲裁委員等の意見は、誠心誠意、足尾銅山の営業を盛んならしめると同時に、被害地の人民に対して損害を賠償させる道を講じ、両者ともに遺憾なからしめることを期すものである［内水編一九七一］。

また、足利郡選出の県議の早川忠吾、広瀬孝作、影山禎太郎らが独自に査定会を組織し、足利郡長の榛山喜平次を委員長として示談交渉を進めた。同じ時期、群馬県でも、示談契約に当たる水利土功会が組織され、示談契約が進行した。新田山田邑楽水利土功会（待矢場《まちやば》両堰《りょうせき》水利土功会）は、群馬県では最も早くから鉱毒問題に取り組んできた団体で、明治二四年三月の通常総会で実況取調委員を選出、四月の臨時会では全会一致で調査を決議、一二月に東京帝国大学教授理学博士丹波敬三に鉱毒泥砂の分析を依頼し、「銅が土砂中にあることは明瞭である」との試験結果を得た。一二月九日には鉱毒調査委員規定を設けて本格的に調査を開始し、丹波の指導のもとで対策を試み、「適宜の場所に水溜を設け、用水はこれを通過して田地に注ぐことにすれば、含蓄する銅分は沈殿して、必ず少量となる」との結果を得た。こうしたところ、明治二五年一月二七日付で新田郡長宛てに古河市兵衛代理人浅野幸兵衛から手紙が届き、さらに浅野が新田郡役所を訪れて、示談を申し入れてきた。新田郡長は土功会委員および山田・邑楽両郡長と協議の上、示談を受け入れることとし、古河に対し寄付金六五〇〇円とともに七六〇九円七五銭を納めるよう通知した。古河はこれを受け入れ、示談契約が成立したのであった［萩原一九七二］。

明治二五年三月から明治二七年（一八九四）二月までの二年間に渡良瀬川沿岸の鉱毒被害地のほとんどが古河と示談契約を結んだ。示談契約は地区単位で結ばれた。田村紀雄の調べでは以下の通り。

▽栃木県

○鉱毒仲裁会

1　安蘇郡南部三か村（植野・界・犬伏）　契約日・明治二五年八月二三日

2　梁田郡一か村（久野村）　右同日

3　下都賀郡六か村（谷中・三鴨・部屋・野木・生井ほか）　右同日

4　梁田郡四か村の一部の大字（山辺村葉鹿など）　右同日

5　足利郡二か村の一部の大字（吾妻村下羽田など）　右同日

○鉱毒査定会

1　足利郡六か村（足利・毛野・富田ほか）　契約日・明治二六年三月六日
2　梁田郡四か村の一部の大字（筑波村県ほか）　右同日

▽群馬県

1　待・矢場両堰水利土功会（新田・山田両郡の南部の村）　契約日・明治二五年三月二一日
2　邑楽郡四か村（渡良瀬川沿岸の海老瀬・西谷田・渡瀬・大島）　契約日・明治二五年七月二九日
3　山田郡三か村（待矢場堰以北の相生・広沢・境野）　契約日・明治二五年一二月六日
4　山田郡四か村と新田郡一か村（待矢場堰支線の新田堀・矢田堀関係の村、山田郡毛里田・韮川・矢場川・休泊村と新田郡郷戸村）　契約日・明治二六年一一月二〇日
5　新田郡六か村（新田堀下流の鳥之郷・宝泉・九合・太田・沢野・生品）　契約日・明治二七年二月一三日
6　邑楽郡九か村（渡良瀬川沿岸から離れた高島・小泉・郷谷など）　契約日は村ごとに別々［田村一九七五］

示談契約書の内容は、地区によって多少の違いはあるが、主な内容は以下の通り。

第一条　古河市兵衛は粉鉱の流出を防ぐため、明治二六年六月三〇日を期し、精巧な粉鉱採聚器を足尾銅山工場に設置する。
第二条　古河市兵衛は仲裁者の取り扱いにより、徳義上、示談金を支払うこと。
第三条　明治二九年六月三〇日までを粉鉱採聚器の試験期間とし、契約人民は何ら苦情を唱えないことはもちろん、行政及び司法の処分を乞うようなことは一切行わないこと。
第四条　明治二九年六月三〇日までに粉鉱採聚器が功を奏し、加害なきに至ったときには、この契約を最後して互いに和親睦合すること。
第五条　もし粉鉱採聚器が不成功のときは、明治二六年七月から起算し、なお将来について協議を遂げ、別段の約定をなすこと。
第六条　粉鉱採聚器設置後、粉鉱が絶無になったとしても、もし渡良瀬川河底に粉鉱が残留し、著しく加害あるときは応分の負担をなすこと［足利市一九七六］［館林市立図書館一九七二］など。

示談の成立に被害地は感謝状を贈っている。たとえば栃木県の仲裁会が受け取った感謝状は次のようなものであった。

足尾銅山の鉱毒が流れて渡良瀬川沿岸の町村を浸害すること数年、その被害は数えることができないほどである。このままでは沿岸の幾多の田んぼがすべて一つの青色もなきに至るやも計り知れない。他方、この害毒を防除することはきわめて難しく、なすところなく時を過ごしていた。あなた方はこの惨状を察し、彼我の間に立って調停に尽力くださり、今や全く円満に局を結び、沿岸幾多の町村は初めて安堵することができた。永くあなた方の浩徳を忘れないために、ここに謹んで感謝状を奉呈します〔内水編一九七一〕。

このことに示されるように、被害地の住民の多くは示談契約を支持していた（示談をめぐる農民の動きについては、〔神岡編一九七一〕〔前澤翻刻一九七二〕〔足利市一九七六〕〔板倉町一九七七〕などに所収の農民史料を参照のこと）。

田中正造は示談に対して、「微々たる金額で示談に応じても酒代にすぐ消えてしまうだけだ、権利を粗末にすべきでない、金を受け取るよりも、土地の権利の回復を目指すべきだ」と反対した。田中はあくまでも足尾銅山の操業停止（鉱業停止）を求めた。田中が問題の解決策として鉱業停止を求めたのは、問題の「原犯」（問題の根本原因）を根絶しなければならないと考えたからであり、また鉱毒問題は権利に関わる問題であり、金銭で片がつくような問題でないと考えていたからである。田中は明治三五年の「請願の標準書」で、

鉱毒被害を救う方法は他にあらず、よろしくまず人道を重んじ、生命を尊び、財を奪い人を殺すものを禁じて、その原犯を根絶するにあり。……害あれば、その害となるべきものを厳重に停止

すべし。何ぞ一個人の私利を顧みるの暇あらんや。……まず鉱業を停止し、それから善後策を講じるべきである。水源を涵養し、河底を浚渫《しゅんせつ》し、流水を清浄にして古来の佳良な水に戻し、両岸の毒土を取り除き、一帯の空気・飲食・居住を清潔にすることは、人間を遇する正当なものである。

と述べて「原犯」を根絶すべしと訴えている。

しかし、被害地人民の多くは、田中が求める足尾銅山の操業停止よりも、仲裁会等が進める示談契約の方を支持していた。金銭示談に反対したのはごく一部の農民で、たとえば毛野村川崎では村の総意として決定した示談を拒否し続ける岩崎佐十ら五人の農民は村八分同様の迫害を受け、そのうち一人が自殺に追い込まれたという。仲裁会が取り扱った示談契約は、示談金総額四万八九八七円三二銭九厘、被害総町歩二九五六町五段七畝二八歩に及んだ。

さらに明治二九年六月三〇日の粉鉱採集器の試験期間の終了が近づくと、古河と被害民の間で、今度は永久示談の契約が進んでいった。その内容は、

第一条　古河市兵衛は示談金として左のように支出するものとする。

第一項　金六〇〇円。これは明治三〇年一二月までの示談金としてただちに支払うものとする。
第二項　金三五四円。これは来たる明治三一年より永久毎年四月二五日に前記同額の金円を支払うものとする。
第二条　古河市兵衛が前条の示談金を支払う限り、関係地人民は政府または帝国議会または裁判所等に対し何らの請願出訴等を行わないことはもちろん、永久にこの問題に対し苦情を一切申し出ないこと。

というものであった。明治二八年（一八九五）三月一六日、栃木県下都賀郡部屋村・寒川村・野木村・生井村・赤麻村の一部大字で契約金二〇〇〇円で結ばれたのを契機に、関係各町村で永久示談契約が進んだ。だが、粉鉱採集器は、本来、選鉱のための器械で、増産のための器械であり、回収率は三〇％程度であったという。

第四章　鉱毒問題の激化

当初、田中は所有権の観点から、鉱毒をもたらす足尾銅山の操業は、憲法で保障された臣民の所有権を侵害しており、また公益の観点から、納税を不可能にしており、国家に損失を与えているという理由で銅山の操業停止を求めていた。また、被害地では、鉱毒による損失を古河からの徳義上の賠償金で補償するという示談契約が行われていた。

しかし、やがて田中は「非命の死者」の存在に気付く。すなわち、鉱毒により命を落としている人がいるというのである。もはや鉱毒問題は損得の問題でなく、生命に関わる問題であった。

他方、被害地では、洪水による被害の拡大を契機に、これまでの示談契約でなく、足尾銅山の操業停止を求めようとする鉱業停止請願の動きが起こった。足尾銅山の操業停止を求めるという点では、田中の主張と被害民の動きが一致することになった。ところが、被害民の陳情を政府がまともに取り合ってくれなかったことから、被害民の間では、代表による請願という普通のやり方でなく、「東京押出し」という大勢で東京に押しかける手法が案出された。田中は、この方法に反対であった。請願の方法をめぐって田中と被害民の間では食い違いがあった。

ところで、「東京押出し」という一種のデモ行為は、在京新聞各紙の大きな注目を浴びた。世論の高まりに対して、政府は鉱毒調査委員会を設け、問題の解決をはかろうとする。

本章では、第一に田中の「非命の死者」の発見を、第二に被害地における鉱業停止請願の動きを見る。第三に被害民における「東京押出し」の動きを（第3・4節）、第四に政府が設置した鉱毒調査委員会を考察する。

第1節　非命の死者

田中は、第三議会における質問の後、しばらく議会で鉱毒問題を取り上げなかった。理由は日清戦争である。日清戦争が始まったため、政府に対する質問をしばらく中止することとし、挙国一致をはかることにしたのである。

日清戦争後、田中は再び足尾鉱毒問題を取り上げ、明治二九年（一八九六）三月の第九議会に「足尾銅山鉱毒に関する質問書」を提出した。同質問で田中は、

近ごろ聞くところによれば、政府は銅山の鉱主古河市兵衛を庇護し、本来は鉱毒に注意を促すべ

きはずなのに、郡吏等をそそのかして、むしろ土地所有者に対し田畑一段につき三～四円の金を与え、以後は永遠に鉱毒に関して苦情を申し立てない旨の書類を認めさせて、強制的に捺印させているという。

と永久示談を問題にしている。

他方、この時期、田中の耳には、被害地における「毒食」の噂が入ってきていた。明治二九年九月の田中の書簡に、

聞くところによれば、猛毒に気付かずに水に浸かった食物を口にして、劇症を発する者が少なくないという。恐るべきことである。

とある。被害地では、人々が鉱毒に浸かった食物を口にして、劇症を発しているというのである。

明治三〇年（一八九七）二月、田中は衆議院でこの問題を取り上げ、「公益に有害の鉱業を停止せざる儀につき質問書」で、

被害民の中には毒ということを知らずに食べる者、知ってはいても貧乏のため口にする者、あるいは獲った魚に毒が入っていると知られれば売れなくなるから、また育てた農作物が毒を含んで

いると知られれば売れなくなるから、毒がないことを証明するため、あえて毒の入った魚や農作物を客の前で食べる者もいる。鉱毒のために耕地を失い、また川魚や野菜の欠乏により栄養不良となり、さらに飲食物の激変によって身体健康を害する幾多の人民は、いかにして自らの生命を全うし得るのか。

と訴えた。これはもはやかつて和田維四郎鉱山局長が言った「公安の害」であり、また金銭の多寡ではかられる「公利の害」を超えた状況であった。

明治三一年（一八九八）六月六日に提出した「邦内の一国に比すべき戸口を有する土地に対し鉱毒加害処分を果たさざる儀につき質問書」でも、田中は、

自分で害を隠す。米を作る、そうして市へ売りに行きますと、「鉱毒の米じゃないか」「そうぢゃございませぬ、害はございませせぬ」などと言っている。また結婚にも影響する、すべてに差し支えがあるから、人情の常として皆これを隠すという方向に向かっている。

と被害地の実状を訴えている。

明治三二年（一八九九）三月に提出した「足尾銅山鉱毒事変再質問書」では、現地調査に基づく結果として、

生死比例	被害激甚地	接続の無害地	日本全国
人口一〇〇人に対する出産	一・八五	三・四四	三・〇八
人口一〇〇人に対する死亡	五・八七	一・九二	二・二〇

と数字を示した。

田中は、より詳細な調査を行うよう、被害地に指示する。岩崎佐十らが調査に当たり、その調査結果は一〇月と一二月に「足尾銅山鉱毒被害地出生死者調査統計報告書」と題して公表された〔内水編一九七一〕。それによれば、被害地では年間出生者数二一九二人、死亡者数が三二五五人で、死亡者数が出生者数を一〇六四人上回っていた。田中はこの一〇六四人を、鉱毒被害のため天命を全うせずに死亡した「非命の死者」の数と規定した。*

＊年間出生数を上回る死亡者数をもって、そのまま鉱毒被害による死亡者数とするのは、論理的には必ずしも妥当ではない。死亡者の数が必ずしも鉱毒被害による死亡者の数とは限らないからである〔砂川二〇〇四〕。たしかにこの数字の全てが鉱毒を原因とするものとはいえないだろうが、当時の日本では出生者数の方が多いにもかかわらず、被害地では死者数の方が多いのは、鉱毒が関係していると考えられる（鉱毒が原因で貧困となり、栄養状態が悪化した死亡した者も、鉱毒による死者と見なすこともできる）。また田中は「非命の死者」数を規定することによって、被害民の志気を高めるとともに、その数字を公表することによって鉱毒問題に対する社会の関心

を喚起しようとしたものと思われる。

田中はこの事態を、「悪徳鉱業主のために被害激甚地の小児が死亡したのは、すなわち殺されたも同じである。これを等閑にすれば人類社会に非ず」（明治三二年七月書簡）と憤り、「およそ人類同胞の境遇にあるもの、この非命の死者ありと聞いて、誰がこれを悲しまない者があろう。もし悲しまない者がいるとすれば、それは悲しまないのでなく、知らないだけである」と人々に知ってもらう必要を感じる。

田中は同年九月以降、「鉱毒非命死者談話会」を盛んに開催する。そして、「鉱毒加害のために小児が多く死んでいるということを聞きながら、犬猫の死んだほどにも悲しまない。なんとかしてこの人類社会の腐敗を一洗したい」と訴えるのであった。

第2節　鉱業停止請願

鉱毒被害地では、明治二九年（一八九六）の夏、三度にわたって洪水被害に見舞われた。まず七月二一日、数日来続いた大雨により渡良瀬川の堤防が決壊し、洪水となった。次いで八月七日から一六日にかけても大雨による洪水となり、さらに九月八日から九日にかけては台風による大洪水となった。その被害は、たとえば九月の洪水で海老瀬村では溺死が五名、流出家屋が一六戸、全壊七六戸、半壊一六八戸、浸水四〇〇〇戸、船津川では全農家が泥水に埋まるという被害になったという。被害反別は、栃木県で一万一〇五五町三反七畝一三歩、群馬県一万一六八四町二畝一三歩、埼玉県一四五九町二反七畝一六歩、茨城県九三六七町七反五畝一五歩で、四県の合計では三万三五六六町四反二畝二七町歩、損害金額は一五四六万円余に及んだ。

この洪水で、被害地の風向きが変わった。それまでの示談契約派に代わって、足尾銅山の操業停止を求める鉱業停止派が主導権を握る地区が増えたのである。明治二九年九月から一〇月にかけて鉱業停止請願決議を行う町村が相次ぎ、政府に足尾銅山鉱業停止・鉱毒地免減租・堤防改築など各種の請願を行うようになった。この年の八月一〇日に仲裁会の横尾輝吉と被害民総代が植野村の法雲院で会合を持つ予定であったが、七日から一六日にかけての大洪水で会合は中止となった。九月下旬に被害民代表の川島仁左衛門と山崎欣三郎が宇都宮に横尾を訪れて、「大変申し訳ないが、近ごろ洪水があって人心が不穏となっている。被害民の中には鉱業停止を請願すべきであると主張する者が続出して、どうしようもない状態である。それゆえ先般お願いした仲裁は取り消すことに致したい」と申し込んだという。

この間、田中は被害地の世論が鉱業停止に傾くよう働きかけていた。たとえば八月一一日に植野村船津川で演説し、一四日には犬伏町鐙塚で被害民の会合に参加し、この会合で鐙塚では鉱業停止請願に意思統一がなり、近隣町村に鉱業停止請願を呼びかけることに決したという。

一〇月四日、被害地域のほぼ中央に位置する群馬県渡瀬村早川田（現館林市）の雲龍寺に、栃木群馬両県鉱毒仮事務所が設置された。これにより、これまで別々に進められてきた栃木県と群馬県の鉱毒運動の共通事務所ができた（のちに埼玉県と茨城県の被害民が加わり、四県共通の事務所となった）。*

*当時の雲龍寺住職は二六世の黒崎禅翁で、雲龍寺が鉱毒事務所になった頃は三〇歳前後の熱血漢であった。のちの川俣事件では、被害民を煽動する演説を行ったとして逮捕された。明治三五年に僧職を離れて旅館を経営し、昭和一八年四月に死去したと伝えられる（のちの雲龍寺住職伊東長栄の談話による［渡良瀬シンポジウム一九七四］）。雲龍寺が鉱毒事務所に選ばれたのは、地理的要因もさることながら、黒崎の性格もあってのことであった。

鉱毒事務所は一一月二日に第一回協議会を開き、田中が、

諸君！　今日ここに諸君の精神が一致して、かくも多数の諸君がお集りになってこの協議会を開くにいたったことは、誠に頼もしいことであります。……諸君が精神的契約を結ばれることが最も緊要のことと思います。

と挨拶した。

一一月二九日、雲龍寺に集まった委員たちは、

9　雲龍寺（山門）

本日出席の我々は精神的誓約を行い、各請願提出の町村を監督し、不正不義の行為を弾劾し、互いに責任を重んじ、群馬・栃木両県の目的である足尾銅山の鉱業を停止することはもちろん、これに付随する諸請願を貫徹させることに従事すること。

と決議した。

この間、一一月二七日には群馬県会が、

足尾銅山より渡良瀬川に流出する鉱毒は、年々鉱業の拡張に伴い毒量を増加し、今や全く国家公益を害する程度に達している。速やかに救済の方法を施さなければ、渡良瀬川一帯の地方は寂寞たる不毛の地と化す。よって鉱業条例第一九条により鉱業停止の処分があることを求む。

10　現在の渡良瀬川（雲龍寺付近よりのぞむ）

と鉱業停止を求める建議案を可決している。

一二月二一日、関係各村が「鉱業停止請願運動推進貫徹規約」に調印し、共同行動を誓った。

同年一二月二三日、被害民の代表八名が農商務省を訪れた。彼らは大臣と次官に面会を求めたが、閣議を理由に断られた。一行は二五日に鉱山監督署との約束で早朝から同署を訪れ、午前一〇時ごろになってようやく監督署長と面会することができた。二六日にも監督署長と面会して、署長がメディアに発表した「鉱毒は全く無し」との見解に対し取り消しを求めたが、署長は「自分の職責上のことについては諸君の指図は受けない」と拒否して、会談はもの別れに終わった。

二七日夜、田中の周旋により、被害民代表は在京の五新聞社、一雑誌社と会合の機会を持ち、その結果、翌年一月三日から六日にかけて在京新聞の記者が現地取材を行うことになる。代表一行は二八日に帰京の途に就いた。

他方、農商務省は一一月八日に農事試験所技師の坂野初次郎を現地に派遣して調査させる一方、省内に鉱毒調査委員会を設置した。坂野は報告書「栃木県・群馬県渡良瀬川沿岸鉱毒被害地視察概要」を局長に提出、

普通の農作土壌には多量の銅分が含まれることはないが、被害地の土壌は実に多量の銅分を含み、特に植物に吸収される形態の銅分を含有することが認められる。この種の銅分は直接有害の作用を植性に与えるものである。

と土壌中の銅分による植生への悪影響を報告し、

救治策としては（一）深耕すること、（二）悪質沈殿土壌を削除すること、（三）天地返しを行うこと、（四）石灰で消毒すること、（五）害毒に強い植物を選ぶことなどがあるが、これらの方法は数々の有害物質が侵入しないように十分に予防法を備えるのでなければ、効果がない。しかし、被害地の実情は、堤防の破壊もしくは直接濁水が氾濫逆流することがあるため、いずれも実行困難である。

と救治策の困難を指摘した［栃木県一九八〇］。

ところが、農商務省に設置された調査委員会が一二月二五日に農商務大臣に提出した「足尾銅山鉱毒特別調査委員答申書」は、

足尾銅山の鉱業は渡良瀬川の河水に有害な物質を含有させ、これまで沿岸の田畑に被害を与えたことを認めるが、そのために鉱業停止を命令する必要は認めない。その理由は、鉱業を停止したとしてもすでに受けた害毒を除却することはできず、また将来左記の方法を実施すれば他の地域に被害を及ぼすことはないからである。

と鉱業停止の必要を認めず、足尾銅山に以下の予防命令を下すことによる解決を提言した。

一　選鉱所の排水中に含まれる粉鉱および泥砂の除却を一層有効ならしめむる方法を設けること。
一　選鉱所の排水坑水中に含まれる可溶性銅鉄塩類および遊離酸類を除却するため新たに適切な方法を設けること。
一　鍰、捨および土砂は平時ならびに洪水のとき流出の恐れがない安全の地に堆積すべきこと

［栃木県一九八〇］。

この提言を受けて政府は古河市兵衛に上記三箇条の予防工事命令を下した。

これに対し、農商務省内の農務局は明治三〇年一二月、「渡良瀬川沿岸農作地鉱毒被害に関する農務局の意見」を提出した（提出先は農商務大臣と思われるが、詳細は不明）。同意見書は、

過般鉱山監督署より発した命令を強行すれば、著しく害毒の流出が減少するであろうと思考するが、全く害毒を防止できるとは信じ難い。況《いわ》んやこれまで銅山工業所付近の川岸に放置堆積している鉱屑が随時川中に流入しているという事実があるにおいておや。それゆえ世間に向かって、将来足尾銅山より流出する物質は全く農作上に危険がない断言することはできない。

と、上述の予防工事を施したとしても、銅山から流出する物質が全く無害とはいえないと主張している。農商務省に農林派官僚と鉱業派官僚のせめぎ合いがあったこと、そのうえで農商務省は省として、鉱業停止の必要を認めないとする鉱業派の主張を採用したことが分かる［東海林・菅井一九八四］。

第3節　東京押出し

一方、一二月二三日の代表八名による陳情の結果を見て、通常のやり方では埒《らち》があかないと考えた

被害民たちの間では、三〇年（一八九七）二月、誰が言い出したのかは定かでないが、「大勢で出かけよう」ということになった。

三月二日、被害民が大挙して上京した（新聞報道では八〇〇人）。目的は足尾銅山の操業停止を請願するためであった。鉄道は開通していたが、運賃が高いので、徒歩での上京であった。こうした大挙上京請願を、被害民たちは「押出し」あるいは「東京押出し」と呼んだ。

一行は三日早朝に日比谷原に着いたが、駆けつけた警官に「屋外集会に当たるため、政社法違反である」として解散を命じられ、農商務省に向かった。農商務省に着いた一行は大臣に面会を求めたが、不在とのことで、大臣に面会できるまではと中庭に座り込みを始めた。このとき被害民は四〇〇名ほどであった。

彼らは二〇時間ほど座り込みを続けたため、農商務省が「代表を選んで、明日午前中に出頭するように」と提案した。一同はこれを受け容れ、その場を去り、築地の本願寺の庭で野宿させてもらえるよう頼んだ。これに対し本願寺は本堂の提供を申し出た。一同はそこで一泊することができたが、そこに京橋警察署長が現れて、

今日の時代は立憲政体の時代である。何事も請願する場合には正式の書面を認《したた》めて出願に及べば、直ちに願意が徹底することになっている。それなのに、このように多数の者が上京して官庁に押込むということは、今日の時代にふさわしくない行動である。よって明朝早々に総代

を選んで農商務省に出頭させ、残りの者は速やかに帰郷することにするのがよろしい。

と諭した。

被害民の一人で群馬県邑楽《おうら》郡西谷田村の永島与八はこれを聞いて「チャンチャラおかしく聞こえて仕方がなかつた」という。

我々の取った行動が非立憲的行動であるくらいのことは、貴官の御説諭を聞くまでもなく、よく承知しております。ゆえに我々被害民は貴官の言われるように正式の書面を以て幾度請願したか知れないのであります。けれども、郡役所も県庁も政府も立憲的処置を取ってくれないので、止むに止まれず、背に腹は替えられず、死活問題であるから直接行動を取ったのです。この問題は貴官が何も知らないで仰るような、そんな生やさしい問題ではないのです〔永島一九七一〕。

というのである。

一行は代表四五名を選び、残りは帰村した（このあと代表は五〇名となり、さらに遅れてきた群馬県山田郡桐生町と広沢村の被害民をあわせて代表は六五名となった）。

代表六五名は榎本武揚農商務大臣（第二次松方正義内閣）と面会を果たし、一人ずつ各村の窮状を訴えた。彼らは語るうちに涙を流し始め、榎本大臣も真剣に耳を傾けていたという。榎本が同情をもって被害民の陳情を聞いてくれたことに一縷の希望を抱いて、彼らは帰郷の途についた。

三月二〇日、谷干城・津田仙・栗原彦三郎が被害地を視察し（津田は同月中に二度視察している）、二四日には榎本武揚農相が現地を視察した。

田中正造もこの時期、さかんに「現地を見てほしい、実感してほしい」と訴えている。たとえば衆議院で田中は、

諸君にもお願い申しておきます、なるべく被害地をご覧になっていただきたい、被害地は東京から二〇里そこらしかない。……十万以上の人間が毒殺される（ここで議場に笑声が起こる）諸君の中にお笑いなさるお方がございますが、どうも私には真情を描写できないから、お笑いになるお方がある。……農商務大臣の別荘の向島の邸で、菜が一本も出来なくなったら、諸君どうする、たちまち自分で実感するでしょう。……自分の身の上に来れば分かるけれども、身の上に来ないうちは、どうも真剣に考えないのです。鉱毒の水を汲んで来て、農商務大臣に飲んで貰いましょう。……どうぞお情けがありますならば、諸君、一日で行って帰ってこられます、日帰りで見られます。

と訴えている。足尾鉱毒問題は日本で最初の公害問題であった。現実を見たことがないから、みな被

害民の訴えや自分の主張を半信半疑で聞いているのだろう、東京から栃木までは半日で行けるのだから、どうか現地を訪れ、実際を見てほしいと田中は訴えた。

このころから、田中の演説を議場の議員たちが謹聴する空気も生じてきた。もともと田中は「奇言奇行の人」というイメージが強かった。田中の風貌は「身に垢染みた木綿の服をまとい、蓬髪乱髪、洗わず、櫛を入れず、衣にお椀大の紋をつけて平然たるものである」と描写され、「栃鎮」「奇侠児」「狂人」「奇行家」「滑稽翁」「戦士」「熱血漢」「義人」「日本の屈原」「精神病者」などの評語をもって評されていた［田村一九九八］。それゆえ彼の議会演説も眉唾ものと見なされ、冷笑的に受け止められていた。

のちに田中の熱心な支援者となる木下尚江でさえ、

> 田中の罵詈悪言があまりに強烈なため、かえって鉱毒問題そのものに対して、ひそかに疑惑を抱かぬでもなかった。

と述懐している［山本一九八六］。

だが、この年二月に田中が『全集』で四〇頁にわたる長い議会演説（「公益に有害の鉱業を停止せざる儀につき質問」）を行ったとき、次に演説を予定していた議員の小室重弘は、私は、今日はだいぶ田中君の演説にも感服いたしましたが、諸君が黙って謹聴されたことにも感心いたしました。この上私が質問演説をすることは甚だお気の毒に思いますので、次の会に演説をお許しになることを希望いたします。

と述べており、議場の雰囲気を今に伝えている。

第4節　第二回の押出し

三月一八日、前年の田中の議会質問に対する政府答弁書が出た。それは、

被害民はすでに古河市兵衛と永久示談をしており、鉱毒問題は古河と被害民との間の民事的事件であるので政府はもはやこれには関係もないし、責任もない。

というものであった。被害民はこれを政府の冷淡、無責任と受け取った。被害民の永島は、

なんという無責任極まる、かつ冷淡極まる答弁書であるか、被害民の失望と落胆と悲憤慷慨は極度に達した。極度に困難し、極度に失望し、極度に憤慨しているところへ、極度に冷酷な答弁書

が発表されたものだから、たまらない。いよいよ沿岸被害民全体が狂気《ママ》して立ち上がった。「座して死を待つよりも、起って請願する方が生きる道だ、何が何でも我々の願意を貫徹せずにはおかれない」と決起した。

と述べている。

また、榎本農相の二四日の現地視察も、人によっては通り一遍の冷淡なものと受け止められた。榎本の現地視察に対する受け止め方は、人によって異なっている。たとえば永島は、

さすがの榎本農相も直接この凄惨な光景を見、直接我々の説明を聞いたのであるから、深く感じられた様子が我々案内者にも見受けられた。

と感じたが、人によっては、

被害民はいずれも榎本を歓迎して、被害地を案内したにもかかわらず、大臣はややもすれば冷淡で、全く義理一遍の巡視にすぎないように見えた。被害民のなかには大臣に向かって「こうして実地を巡視していただいて、どのようなご感想をお持ちか、お言葉をいただきたい」と榎本に尋ねたものもいたが、榎本はただ「本日は巡視に来ただけなので、お返事することは難しい」と述

べて、そのまま帰京の途に就いたため、被害民はもはや農商務省を頼りとしなくなった。と幻滅する者もいたのである。

こうしたことから、被害民たちは再び大挙上京することに決めた。彼らは三月二四日の田中の議会演説に合わせて上京することにした。

田中は押出しという方法に反対であった。足尾銅山の操業停止を求める請願運動には賛成であったが、大挙して上京するという手法には反対だったのである。彼は雲龍寺に宛てて「小生はこの小運動には不同意であるが、お出でになったならば尽力する」と書き送っている。押出しという方法には反対であるが、被害民が上京すれば協力はするという消極的姿勢を示したのである。

田中がこういう姿勢であったから、彼の近くにいた在京委員も雲龍寺に「クルナ、イマイク」と上京を止める電報を打っている。しかし、雲龍寺の鉱毒事務所では激しい議論の末、大挙上京請願の決行を決定したのである。

一行は二三日夜に雲龍寺を出発し、二五日夜に埼玉県岩槻町に着き、地元民から炊き出しなど援助を受け、宿所を法林寺とした。

翌日は警察の警戒にあって、法林寺を一歩も出ることができなかった。前日に手厚い援助をしてくれた地元の有力者たちが訪ねてきて、「今日のところは委員か総代を選んで上京させることにして、それ以外はいったん帰郷するのが得策であろう」と説得した。被害民一行は、「我らはすでに死を覚悟しているので、警察の威嚇などは恐れるところでない。しかし、諸君のように我々に同情を示し、援助してくれた人からの懇切な説諭には徳義上従わざるを得ない。謹んで御説諭に応じ、委員を選んで上京させることにしましょう」と代表七五名を選び、残りは帰郷することとなった。

上京した代表七五名は農商務省と大蔵省を訪問した。二九日には後藤新平衛生局長と内務次官が現地を視察した。これをもって一定の成果を上げたと考えた代表は三〇日に帰郷した。

第5節　第一次鉱毒調査委員会

被害民による「押出し」は、東京の新聞各紙の報じるところとなった。押出しは日本で最初のデモ行進といってよい。新聞が関心を持たないはずがない。被害民の側も積極的に新聞に働きかけ、各新聞社を訪問し、鉱毒問題の報道を要請した。明治三〇年三月以降、鉱毒報道を行わない新聞はほとんど見られなくなったという［山本一九八六］。

世論が盛り上がる中、政府は三月二四日、内閣に足尾銅山鉱毒事件調査委員会を設置した。委員はその後の任命を加えて、以下の一六名であった。

委員長	法制局長官	神鞭知常
委員	内務省土木技監	古市公威
	内務省衛生局長	後藤新平
	大蔵省主税局長	目賀田種太郎
	農商務省鉱山局長	肥塚龍
	農商務大臣秘書官	早川幾次
	農商務省技師	細井岩弥
	同	和田国次郎
	同	小寺房次郎
	農事試験所技師	坂野初次郎
	理科大学教授	小藤文次郎
	非職御料局技師	渡辺渡
	医科大学助教授	坪井次郎
	農商務省参事官	織田一
	農科大学助教授	長岡宗好

委員会では当初「鉱業停止」派が有利であったが、四月一五日の会合で渡辺渡委員から修正説が出

て、採決の結果、出席者一一名中八名で修正説の「予防工事」に決定した。渡辺の回想によれば、

これは足尾だけの事件でなく、鉱山全体の事件である。もし足尾の問題の処置を誤れば、日本の鉱業全体を阻害する。……足尾銅山を見に行ってみると、いくらでも改善の余地があった。何としても足尾銅山を立派な手本にしなければ、他の鉱山も良くならない。……帰ってきて鉱毒調査委員会に意見を持ち出した。ところが、いったん停止に決まってしまったものを元に戻すには非常に骨が折れた。幸いに委員の中には、土木に古市公威君がいて、大いにこちらを助けてくれた。そう農学の人がもっぱら害毒を述べていたが、議場もだんだん公平な判断をするようになった。そうして、最後に予防命令を出して、とにかく鉱山を活かそうということになった。

という。委員会は結局、

操業停止の可否を決定する前に除害工事の徹底を図り、その結果を見るべきである。

との結論を示した。委員会の結論に反対して、坂野初次郎委員と長岡宗好委員が、

完全なる鉱毒予防の設備が竣工するまでは一時足尾銅山鉱業の全部もしくはその一部（少なくも

大通洞、簀橋《すのこばし》に属する営業および鷹の巣坑その他の坑内より捨石を搬出放棄することを差し止めること）の停止を命じる必要を認める。

との建議を提出し、委員会の再開と再審議を求めたが、反対多数で否決された［栃木県一九七八］。

委員会の報告を受けて、政府は五月一三日、

一、本口坑、有木坑、小瀧、通洞の外、鷹ノ巣、渋川、上流の諸坑等より一切捨石を出すことを禁ず。

一、現在使用の石灰自動給装器は不完全なため、更に改善を加えること。

一、簀子橋工場の内に堆積する沈殿物および捨石は、通洞近くの平地に移置し、完全なる方法を以て堆積すること。

一、小瀧における旧来の鋖《からみ》で目下取り上げ中のもの、および日々産出のものは宇都宮に運び、安全の地に堆積すること、通洞の捨石は字砂形に安全な方法で堆積すること。

との予防工事命令を発した（第二回。第一回は明治二九年一二月）。これは簡素かつ緩やかなものであったから、政府は五月二七日、鉱山監督署長・南挺三の名で詳細な第三回の予防工事命令を下し

た。

第一項　山有木坑及小瀧坑水は一切之を流出せしめず総て選鉱用に供し生石灰乳の撹拌《かくはん》法を行ひ砂聚器《さしゅうき》を通過せしめたる後順次之を沈澱池及濾過池に導くべし若《も》し坑水の分量不時に増加したるときは生石灰乳撹拌法を行ひ別に掛樋《かけひ》を設けて直に沈澱池に導くべし。

第二項　通洞坑水は総て生石灰乳の撹拌法を行ひたる後之を字中才に新設する沈澱池に導くべし。

第三項　選鉱所製煉所等鉱物を取扱ふ場所には雨水等の流入を防止すべき工事を施すべし。

第四項　本山選鉱所より沈澱池に至る掛樋は堅牢に改造すべし。

第五項　本山沈澱池及濾過池は総面積一千二百坪以上小滝沈澱池濾過池は同千坪以上に拡大し且上層の沈澱池には降雨を防ぐ為の屋根を設くべし。

第六項　字中才に於て総面積千八百坪以上の沈澱池及濾過池を新設し通洞に於ける現今の坑水沈澱池は其竣功を俟ちて之を廃止すべし。

第七項　通洞選鉱所の沈澱池より流水する廃水は前項新設の沈澱池に導き再び之を沈澱せしむべし。

第八項　本山小滝及通洞に於ける従来の選鉱堆積場は其周囲に溝渠を設け之を滲透《しんとう》する雨水は生石灰乳の撹拌法を行ひたる後之を各沈澱池に導くべし。

第九項　沈澱池及濾過池内部の周囲は石垣又は煉瓦造となしセメントを以て之を填塗し其下底はコンクリート詰又は板張となすべし。
第十項　各沈澱池及濾過池は更に区画を設け各区交替に之を使用し泥渣は一定の時間毎《ごと》に渫浚《りょうしゅん》し煉瓦《レンガ》製造又は製煉等に使用するの外総《ほかすべ》て沈澱池より之を通洞の近傍指定の場所に運搬堆積し決して他に之を放置すべからず。
第十一項　先砂は泥渣《でいさ》と共に之を前項の堆積場に堆積すべし。
第十二項　各所に散在堆積する従来の泥渣及先砂は悉《ことごと》く之を前項の堆積場に運搬堆積すべし。
第十三項　泥渣の堆積場の面積は三千坪以上とし其周囲には高さ平均九尺幅上部二尺下部五尺以上の石垣又は煉瓦壁を築造すべし。
第十四項　泥渣堆積場の猪溜水は之を通洞選鉱場の沈澱場に導くべし。
第十五項　鍰、捨石、泥渣及先砂は総て指定の場所以外に放置し又は鉱毒発散の恐れある場合に於ては道敷埋立等の工事に使用すべからず。
第十六項　鍰及捨石は自今総て本山に於ては京子内及高原木、小滝に於ては宇都野、通洞に於ては砂形の指定地に堆積すべし、間藤文象沢抱畑等従来の捨場は自今鍰及捨石を棄つべからず。
第十七項　京子内の指定地に於ては其上部に堅牢なる堰を設け且渓間より流出する水を排泄する為めに隧道を開鑿すべし。
　同指定地の下部に於て堆石の崩壊を扞止する設備をなすべし。

同指定地に沿い溝渠を設け雨水を導きて前項設備の下部に排泄すべし。
第十八項　高原木、宇津野及砂形の指定地に於ては道路又は山に沿て溝渠を設け雨水の侵入を防止し且つ堆石を扞止するの設備をなすべし。
第十九項　宇都野の指定地は今後六ケ月以上使用するを禁ず、但し今後六十日以内に之に代るべき適当の場所を選び認可を受くべし。
第二十項　間藤に於ける従来の鍰及捨石は溝渠を設け山間より流出する雨水の侵入を防止すべし。
第二十一項　文象沢に於ける従来の捨石は之を扞止するの設備をなし且つ渓間より流出する雨水は別に山に沿ふて溝渠を設けて之を排出すべし。
第二十二項　抱畑に於ける鍰は悉く宇都野に運搬し了《おわ》りたる後地盤の崩陥を防禦する設備を為すべし。
第二十三項　左記の場所は実地の形状に依り厳重に土砂及岩石の崩墜を防止すべし。
一、鷹の巣及本口坑谷筋より製錬所近傍の鉄橋に至るの間。
一、高原木より下間藤に至るの間。
一、小滝銀山平より切幹に至る間。
第二十四項　総て掛樋又は溝渠は予め一定の水量を計り漏洩氾濫の恐れなき様十分の設備をなすべし。

第二十五項　鷹の巣本口渋川等に於ける従来の廃石は其崩壊を扞止すべし、尚《なお》堆石多量にして存置せしめ難きときは鷹の巣及び本口坑の分は京子内又は高原木の指定地に渋川の分は砂形の指定地に運搬堆積すべし。

第二十六項　地表に於て新たに開坑し又は旧坑の取明をなし又は予防工事に関係ある区域内に於て土砂岩石採取を為さんとするときは予め認可を受くべし。

第二十七項　本山小滝及通洞の川縁に存在する従来の鋑選鉱屑及廃石は洪水の最高点より三尺以上の高地に移送し堅固に之を扞止し雨水は溝渠により疎通せしむるの設備をなしたるもの丶外は悉く之を各所の指定地に運搬堆積すべし。

第二十八項　鉱脈の露頭にして鉱石崩壊の状あるものは之を扞止する設備を為すべし。

第二十九項　旧坑より流出する抗水にして有害と認むるべきものは左の方法を以て適宜之を予防すべし。

旧坑を現行坑道に連絡し一切の坑水を之に放下すること。

坑口に杜水装置を施し坑水流出を防止すること。

掛樋を以て坑水を導き選鉱用に供し又は生石灰乳攪拌法を行ひたる後沈澱池に導くこと。

第三十項　本山及小滝に於ける製錬所の各烟突は烟道を以て之連絡し烟室を設けて亜砒酸及烟結降沈せしめ且硫酸製造又は其他脱硫の方法を以て亜硫酸瓦斯《ガス》を除却したる後製錬所背後の山腹より更に大烟道に依り山頂指定の地に至り本山に於ては高さ八十尺小滝に於ては同五十尺以上の烟《えん》

突《とつ》を設け噴烟せしむべし。

第三十一項　鉱石及鍰の野焼《のやき》は認可を受くるに非ざれば、操行を得ず。

第三十二項　前項の工事は此命令交付の日より起算し左の期間内に竣工すべし、但本山並に小滝沈澱池及濾過池竣工の時迄其選鉱業を停止す。

本山沈澱池及濾過池は五十日以内。

小滝沈澱池及濾過池は四十五日以内。

通洞沈澱池及濾過池の六百坪は三十日残余は六十日。

通洞に於ける泥渣堆積場は三十日。

従来の廃石及鍰の処理は六十日。

旧坑々水の処理は九十日。

本山製煉場各烟突連絡及別紙図面第一区烟道は百日第二区烟道及大烟突は百五十日。

小滝各烟突連絡及別紙図面第一区烟道は八十日第二区烟道及烟突は百二十日。

以上の外各所の工事は百二十日。

第三十三項　此の命令書交付の日より七日以内に工事に着手すべし。

第三十四項　前掲工事の施行其他鉱業全体の管理に付ては適当なる責任者を定め本署長の認可を受くべし、若し不適当と認むるときは之れが変更を命ずることあるべし、但し管理者は常に鉱山所在地に居住すべきものとす。

第三十五項　前掲工事の細目及予防実施の方法に就ては出張監督官の指揮に従ふべし。
第三十六項　採掘、製錬、選鉱に関する現在事業の規模を変更せんとするときは本署長の認可を受くべし。
第三十七項　此命令書の事項に違背するときは直に鉱業を停止すべし［栃木県一九七八］。

の全三七項目に及ぶもので、しかも各工事ごとに竣工期限が定められ、遅延した場合は鉱業停止を命ずるという厳しいものだった。

工事命令を受けた古河市兵衛は、三月には足尾に「除防工事を夜通し同様にして御落成下されたく、鉱毒といわれるようなものを一切流出いたさぬようご注意いただきたい」と書き送り、五月には「必ず命令を守り、除防工事を一生懸命に行い、完全に落成できるよう手配せよ」と書き送った。また、足尾町では全町を挙げて一軒ごとに一名を出し、七日間手弁当で工事を助けたという［古河市兵衛伝一九二六］。

この工事には莫大な費用が必要であったが、当初、足尾銅山のメインバンクであった第一銀行は市兵衛に資金を貸し渋った。同行の頭取であった渋沢栄一の回顧によれば、彼は古河市兵衛の事業熱を危惧したようである。渋沢によれば、古河氏は自己の富を増やすというよりは、事業を盛んにするのが目的で、事業に対して熱しすぎる嫌いがある。自分らは大いにこれを気遣い、一時は山を買うことを中止するように忠告したこともある。口約束では安心できないから、今後あまり事業を拡張しないという証書を書かせたこともあった［古河市兵衛伝一九二六］。

というのである。しかし、市兵衛の養子（農商務大臣も務めた陸奥宗光の次男）で古河本店の総務部長であった古河潤《じゅん》吉《きち》が渋沢と折衝し、渋沢も海外留学経験のある潤吉の近代的な経営方針を評価していたため、資金を融通したという［古河潤吉伝一九二六］。

市兵衛は、延べ作業人員五八万三五八九名、一日一人当たりの平均賃金八一銭二厘（当時の平均賃金五四銭）、賃金総額四七万三八七四円二六銭八厘、総費用約一〇四万円をつぎ込んで、一一月までに工事を完成させた。

また政府は、第三回の予防工事命令を発した五月二七日、「税務官吏に対する訓令」を発し、明治二九年年九月の大洪水による被害地約二万二五〇〇町歩に、地租条例第二〇条による免租を適用するよう申し渡した。地租条例第二〇条とは「荒地はその被害の年より一〇年以内の免租年期を定め、年期明けに至り原地価に復す」というもので、被害地は含銅量の多少に応じて特等から五等まで六段階に分けられ、特等は一五年、一等一〇年、二等八年、三等六年、四等四年、五等二年と免租期間が定められた（明治二九年九月にさかのぼって適用）。ただし、該当期間は公民権を喪失した。また政府は「大林区署に対する訓令」を発して造林を命じた〔栃木県一九七八〕。

第五章　川俣事件

本章は予防工事命令後の動きを見る。鉱毒調査委員会は古河市兵衛に厳しい予防工事命令を下した。しかし、翌年、またも大雨が被害地を襲い、渡良瀬川が氾濫した。被害民たちは三たび押出しを行うことを決めた。しかし、押出しという手法に反対だった田中が被害民一行のもとを訪れ、大挙上京を思いとどまるよう説得した。田中は社会の秩序という観点から大挙上京に反対し、日本初の政党内閣である大隈重信内閣（田中も所属していた憲政党を基礎とする内閣）に期待をかけ、立憲的な方法で請願を行うべきと説いたのである。政府が被害民の請願を聞き届けなければ、自分も被害民と行動を共にすると被害民に誓った。このときの田中の一場の演説を「保木間《ほきま》の誓い」という。

しかし、田中の勧告を容れて被害民の代表が陳情した結果、大石正巳《まさみ》農相が被害民代表と面会してくれただけで、その他の面会希望は断られた。しかも大隈内閣は党内不一致により、あっという間に崩壊した。後継の山県有朋内閣は、地租増徴案を通すため、議員の歓心を買うべく議員歳費値上げを企てた。田中はこの法案に反対した。田中によれば、国民の租税を動かすことのできる立場にある議員は、国民の税からなる歳費を自ら上げるべきでなく、自重すべきなのである。だが、法案は議会を通過した。田中は議員歳費の受け取りを拒否したが、拒否したのは田中一人であった。議会に失望した田中は、大挙上京請願という被害民の手法を肯定するに至る。

明治三三年二月、第四回押出しが決行された。群馬県の川俣で待ち構えていた警察隊ともみ合いになり、多数の逮捕者が出た。川俣事件である。この事件に田中は烈火のごとく怒る。自分の生命を助けてくれ、自分の土地を回復してくれと請願してくる被害民を、警察が暴力をもって弾圧する。田中にとって法とは本来人民の生命・財産・自由・名誉を守るものであった。その法により被害民が兇徒聚集罪の罪名で逮捕されている。なんということであるか。政府は本来人民の福祉をはかるため存在するものである。その政府が人民を弾圧し、逮捕する。これはもう亡国であると。

議会にも政府にも失望していた田中は天皇に最後の望みを託し、天皇への直訴を敢行する。直訴そのものは失敗に終わったが、天皇への直訴という前代未聞の出来事は世間の大きな関心を呼んだ。川俣事件と田中の天皇直訴事件は大々的に報道され、世論は盛り上がった。しかし、世論は被害民と田中に同情的であっても、田中の主張する足尾銅山操業停止論に与していたわけでなかった。

本章では、第一に「押出し」という手法に対する田中の認識の変化について論じる。第二に川俣事件を見る。第三に川俣事件に対する田中の怒りと、田中の亡国論の特色を考察する。第四に田中の天皇直訴事件を見る。第五に川俣事件と田中の天皇直訴に対する報道の論調と当時の世論を考える。

第1節　押出しと田中正造

明治三一年（一八九七）六月三日と九月六日、またも大雨が被害地を襲い、渡良瀬川が氾濫した。被害民の間では、

この洪水は我々沿岸被害民をして、いよいよ窮迫の極み、狂気《〔ママ〕》させた。我々は老人や妻子を毒水の中に残しておいて、大挙上京して当局者に泣訴哀願して、何が何でも政府当局の返答を聞かぬうちは、餓死しても帰らぬという決心をした［永島一九七一］。

と三たび押出しを行うことを決意した。

九月二六日、被害民一万人余りが雲龍寺に集結して出発、二七日に東京府下南足立郡淵江村保木間（現東京都足立区）に到着した。そこへ田中が駆けつけ、

正造は社会の秩序を保つため、諸君に次のことをはからざるを得ない。このように大勢で入京されるのはよろしくない。正造には考えるところがあって、皆さんをお止めせざるを得ない。現政府は憲政の政党であり、諸君の地方も旧自由・旧進歩党員が少なくないのであるから、今日の政

府は諸君の政府である。また我々の政府である。我々の政府であるから、十分に信用して、及ばざる所は助けざるを得ない。我々は諸君に代わって政府に事実の説明を行い、諸君の願意が徹底されることをはかる。中央政府がもし正造および同志らの説明を採用しなければ、正造らは議会において政府の責任を問い、また社会に向かって当局者の不法を訴える所存である。そのときは諸君におかれても、このことの通知を受けてご出京されるもご随意である。正造は二度は決してお止めしない。否、ただお止めしないだけでなく、そのときこそは諸君と共に進退するつもりである。だから、それまで諸君の、今日死を決意したお命を保っていただきたい。これは正造が皆さんに誓うことである。諸君、できれば私の意見を採用して、今回は大人数での入京をやめ、すみやかにご帰郷いただきたい。正造は嘘を言いません。申し述べたとおりに実行いたします。

と演説した。

田中は依然として押出しという手法に反対であった。田中は「社会の秩序」という観点から、「大勢での入京」には反対であった。しかも、このときの内閣は、田中が所属する憲政党の大隈重信内閣であった。田中は憲政党内閣に期待して、被害民の大挙入京に反対した。田中は立憲的に政府に働きかけることによって、足尾銅山の鉱毒問題を解決できると考えていた。そして、もし政府が我々の言うことを聞かなければ、そのときは自分は皆さんと行動をともにすると誓ったのであった。

この田中の説得を受けて、被害民たちは大人数による入京を取りやめ、代表五十余名を上京させることにした。彼らは内務大臣や大蔵大臣など関係各大臣に面会を求めたが、応じてくれたのは大石正巳農商務大臣だけだった。しかも、憲政党内閣は内部分裂により間もなく崩壊した。被害民の願いは無視され、田中の憲政党内閣への期待も裏切られた。

翌三二年（一八九八）三月、議員歳費値上げ法案が議会を通過した。第二次山県有朋内閣が地租増徴案を議会で通すため、議員の歳費を八〇〇円から二〇〇〇円に増加することで議会と妥協をはかろうとしたもので、一種の議員買収であった。田中はこの法案に、

議員の歳費というものは、ただ普通の経済論で論じるわけにはいかない。議員は国家の歳計を増減する大きな権利を持っている以上、自分が受け取る歳費、これは受け取ってよいものであっても、自ら慎まなければならない。もし国家が豊かになって、国民がこぞって議員の歳費を高くしてやってもよいではないかと国民の声が上がってきても、議員たるものは容易に自分で歳費を上げてはいけない。それが議員の品位である。この議員歳費値上げ案が万一この議会を通過するようなことがあれば、上は陛下に対して畏れ多いのみならず、実に人民に対して済まないことである。

と反対したが、法案は議会で可決された。

田中は歳費の受け取りを拒否した。議員歳費を辞退したのは田中ひとりであった。ほかの議員は皆、法案に反対した議員も含めて、増額された歳費を受け取った。田中は同年四月の「歳費辞退について地元有志への通知書」で、

彼ら（民党議員）は常々口に民力の休養を唱えながら、実際には民力を枯渇させている。国民が税金に苦しんでいる現在、自分の懐を暖める歳費増加案の提出を促すのが彼らである。絶対的に排斥しなければならない。

と述べている。田中は議会と議員にも失望した。

なお、田中の歳費辞退について、これを契機に田中が地元の一部の人々から疎んじられるようになったという指摘がある。江森泰吉（田中に引き立てられた村の青年という）の談によれば、

選挙の時など、競争者は地元で有名な富豪であったから、有志達は少なからぬ金を遣《つか》った。そのため借金が出来て、ある七名の有志は連帯で佐野銀行から田中の歳費を抵当にして少なからぬ金を借りた。これまでは八百円の歳費を受取ると、まず第一に半分をこの佐野銀行の利子に埋めていたものである。こんどは歳費が二千円に上がるのだそうだと言って、ある一部の人々はこれでようやく借金が返せると喜んでいたところが、思いがけなくも、田中が歳費を辞退してしまった

というので、一部の人々は失望の余り、田中の処置を恨んだということである［柴田一九一三］（同書は田中の死去後すぐに著者の柴田三郎が田中の知人に聞いて回ったインタビュー集で、田中の伝記的研究に欠かせない興味深い史料である［小松隆一九八八］）。

というのである。とかく人の世は難しい。田中は明治三四年一〇月に地元に宛てた書簡で改めて歳費辞退の真意を、

一昨年に国家は国民の租税を増税し、議員は自分の歳費を増加し、これに反対する田中正造を誹謗する者も地元の有権者中にあったが、それでは何をもって国家経済を経営し、何をもって道義を維持できようか。この簡単な大義名分も、国家の経営も理解されないとは、案外の退歩である

［明治三四年一〇月の書簡］。

と述べて、田中を非難する地元有権者に反論して、歳費辞退の趣意を説明している。

ところで、こうした議会や政党への失望を経て、田中の考えには変化が生じたようである。明治三二年八月の書簡で、田中は、

さて正造は愚才短慮薄学であって、決して衆人の長たるべき器量でない。ただ誠実に被害地を永遠に救い出そうとしてここに三年、あるいは大勢の方にしばしば無礼の演説をし、またしばしば偉い方々に向かって言辞円満ならず、あるいは大勢の方がせっかく出京なされても、私の専断で説得して帰郷させてしまった。

とこれまでの東京押出しに対する否定的な態度を反省し、また、

正造は老い、とかく病気がちで、任を尽くさず機に遅れることしばしばである。ただいたずらに諸氏の上位にあって、言語動作においてもいたずらに長老の体を装うのみである。大いにその実のないことを恥じること久しい。正造もこれからは虚名および年の長幼に関係なく、諸氏の驥尾《きび》に附して、一心ただ困難を避けずに尽力するつもりである。皆さんはこれから公議体を組織し、また責任を分担し、正造に代わって正道を守り、正義を張り、朋友に厚く、必ず救済の方法を講じられよ。

と老いの自覚を吐露するとともに、これからは指導者としてでなく、皆さんの驥尾に付して尽力するつもりであると決意を表明し、皆さんの公議体に期待すると述べている。

田中は同年暮れ、被害民の公儀体として、「鉱毒議会」（「鉱毒事務所」）を組織する（田中の遺稿で

は「鉱毒事務所」、永島与八などが遺した史料では「鉱毒議会」となっている。通称は「鉱毒議会」）。

田中が起草した「鉱毒事務所規則案」はまず、

町村の回復を図ろうとすれば、年少者は年長者を助け、同志互いの徳操を尊び、旧来の陋習を破り、万事を公論に決し、広く知識を他人に求める必要がある。……人を家柄で判断すべきでない。土地を失い、人に殺されれば家を継いでも何の益もない。もしこの陋習があるとすればただちにそれを捨てよ。自分は村の何々の家柄なりなど今は少しの価値もない。それが価値のないものとした加害者を除くべし。

と人々の団結と、地位や年齢にとらわれない心を説く。

同規則案による鉱毒議会の特色は、第一に、

立法部の議員は被害地の人民中、明治元年以降に出生の者に限る。ただし年齢三二歳以上のものといえども、委員会および議員会において適当と認めるか、もしくは本人自ら議員となることを申し出て、委員・議員の許可を得れば、議員となることができる。

と明治元年以降に出生した者、すなわち三二歳以下の青年層を主体としたことである。

第二に、

仮規約はすべて規定の罰則なし。ただ徳義上の責務があることを要す。また徳義上において世論の制裁を受け、徳義の制裁をこうむるは、もとより本規約の要旨である。

と罰則規定を欠き、徳義上の責務のみを求めていることである。

鉱毒議会については、それを「一種のコミューン」と見る見方［田村一九七五］と、来たるべき大挙上京請願に備えた「青年行動隊」と見る見方［森長一九八二］があるが、田中が作成した規則案の二つの特色を見れば、両方の性質を有したものといえよう（［足利市一九七六］に「鉱毒議会規約と議員名」が、［板倉町一九七七］に「鉱毒議会規約草案」があるが、いずれも田中の「鉱毒事務所規則案」と同様の内容である）。

ともあれ、鉱毒議会を組織して大挙上京請願の準備をしたことに示されるように、田中はもはや政府にも政党にも議会にも議員にも期待せず、大挙上京請願（「押出し」）を肯定するに至っている。

第2節　川俣事件の発生

明治三三年（一九〇〇）の年明け、被害地は張り詰めた空気の中にあった。すでに前年の八月、被害民たちは鉱毒事務所のある雲龍寺で集会を行い、東京で第一四議会が開かれるのにあわせて上京請願運動を行い、そのために米麦・薪炭・船等を用意すること、上京請願の対象は内務省と農商務省とすることなどを決めていた。田中は一二月に被害地に書簡を送って、

この度の請願の大要は、人を殺すな、渡良瀬川の水を清め、すべての天産を復活せよということに尽きる。その他はみなこの中に含まれる。天産と水と人殺しの三箇条で十分である。些細なことに迷って、本旨本日を失うなかれ。

と請願の大要を指示していた。

明治三三年一月一八日、雲龍寺で「鉱毒施餓鬼」が執り行われた。前年の岩崎佐十らの調査で鉱毒被害による「非命の死者」とされた一〇六四名の供養会と、あわせて明治二七年から三二年までに鉱毒事件のために入獄した者と請願上京の途次に憲兵や警察官により負傷させられた人々の慰労会として催されたものであり、その裏には、来たるべき大挙上京請願に向けて被害民の志気を高める意図があった。

二月三日、田中は雲龍寺鉱毒事務所に手紙を送り、非命死者と同数の一〇六四人を上京させ、「仇討請願」とするよう指示した。

二月四日、被害民たちは雲龍寺で集会を開き、

一　鉱毒に関する政府の処置に満足できないので、先発員からの通知があり次第、大挙上京するのに差し支えないよう準備すること。

二　上京委員は議会に請願書を提出すると同時に、政府に向かって諸請願の処分を督促し、その答弁次第では多数の上京を求めること。

ここに上京委員および大挙上京請願準備として役員を選挙する。

と決議し、上京委員が先発し、政府の答弁次第によっては被害地に大挙上京を要請すること、被害地では先発員の通知次第すみやかに上京できるよう準備すること、そのため役員を選出することとし、会長に栃木県安蘇郡久野村の稲村与一、幹事長に大島村の山本栄四郎、幹事に西谷田村の永島与八と海老瀬村の松本英一を選んだ（こうした被害地の動きは逐一警察に把握されており、当時警察がつかんでいた情報が「館林警察署沿革史」に記されている［群馬県一九八〇に所収］）。

二月五日に被害地を発った稲村与一ら上京委員は、まず六日から七日にかけて貴衆両院や各政党本部などを陳情に訪れ、八日には農商務省を訪問して大臣・次官・鉱山局長に面会を要求した。しかし、不在を理由に面会を拒否された。翌九日には農商務省と内務省に陳情書を提出したが、受理されなかった。二月四日の決議にいう、上京委員に対する政府の答弁次第では大挙上京するという状況になったのである。

二月九日、被害民が雲龍寺に集合し（鉱毒事務所の発表では一万二〇〇〇名、警察発表では二五〇〇名）、東京に向かった。彼らは沿道の被害民を勧誘しながら進み、その数は二七〇〇余名に達したという。しかし警察側でも前日から警戒を強めており、各要所に警察官を配備して厳戒態勢をとっていた。被害民一行は古河付近まで進んだが、それ以上の前進をあきらめ、引き返した。

二月一二日の夜、被害民たちは雲龍寺の鐘や太鼓、法螺貝を合図に、蓑笠と草鞋に身を固め*、鉱毒悲歌を高唱しながら**、再び雲龍寺に集まった。付近の町村は盛んに鐘を鳴らして、一層の被害民の参集を促した。彼らは雲龍寺の境内に篝火を炊いて屯集し、幹部は本堂で会議を行っていたが、そこに警察官が踏み込んで、解散を命じた。幹部らはこれに応じず、にらみ合いとなり、何者かが灯りを消して真っ暗になったところで、火鉢が投げられる、提灯が破られる、障子が踏み倒されるなどの騒動となった。警察側が引き揚げることで、この場は収まった。

＊蓑笠と草鞋は江戸時代の百姓一揆のユニフォームであった。江戸時代の百姓は、領主とは本来慈悲深いものであり、凶作・飢饉など百姓に降りかかる生活危機を取り除き、社会安穏を保障する責務があると考えていた。安穏が実現している限りで、百姓は年貢上納などの諸役を負担していた。幕藩領主もこのことを了解し、種籾の貸与や用水路普請などの勧農、災害をこうむった百姓に対する救済措置、雨乞祈祷や厄除け札の配布などの農耕祭祀に積極的に関与した。領主がその責務を怠っていると捉えられたとき、領主が本来の慈悲を発揮して、再び御救いをするように働きかけるのが百姓一揆の本質であった。したがって百姓一揆には一種の作法があった。百姓一揆を起こす場合、やむなく行動を起こすに至った理由があることを周囲に納得させ、共感を得るために、作法が形成された。服装は蓑を着用し、鎌や鍬を腰に下げた。これは自分たちが「御救い」の対象である「百姓」を

強調するためであった。足尾鉱毒事件の被害民が蓑笠と草鞋に身を固めていたのは、自分たちが百姓であることを示すためであった。また近世の百姓一揆では、武器での殺傷や放火・略奪などの行為が厳しく戒められていた。被害民が丸腰であることを強調したのも、こうした江戸時代の百姓一揆の作法に基づくものであったと考えられる（［山本ほか二〇〇八］［須田二〇〇二］参照）。

＊＊鉱毒悲歌のいくつかは、［板倉町一九七七］や［館林市立図書館一九七二］に所収されており、その内容を知ることができる。

翌朝八時ごろ、被害民一行は雲龍寺を出て、館林の郡役所と警察署に向かった。それを野口春蔵が馬上で指揮した。館林警察署では、被害民たちは警察が雲龍寺で解散を命じた理由を質したほか、引致された仲間三名の放還を要求した。このころまでに被害民の数は二千五百余ないし三千余名に膨らんでいたという（「館林警察署記録」によれば二千五百余名、鉱毒被害民の永島与八によれば三千余名、同じく被害民の石井清蔵によれば三千五百余名、『万朝報』は五〇〇〇と報じている）。

午前一〇時ごろ、一行は川俣に向かった。そこから舟で利根川を下り、東京に出る予定であった。そのため一行は舟を積んだ荷車を先頭にして川俣に着いた。他方、警察側でも被害民が舟で上京することを予想して、各渡船場に警察官を配備していた。特に川俣は厳戒地区の一つとして、巡査百八十余名と憲兵一〇名余りを配置していた。

午後一時ごろ、川俣に着いた被害民一行は、待ち受けていた警官隊と対峙した。しばらく睨み合った後、被害民が口々に「道を開け」と叫びながら、舟を積んだ荷車を先頭にして突進し、双方入り乱れての乱闘になった。いわゆる川俣事件である。

乱闘の発端は警察と被害民とで主張が食い違っている。警察側は被害民が停止命令を聞かず突進してきたためといい、被害民側は警察から先に殴りかかったと主張している。

11　川俣事件の碑文

乱闘の様子も被害民側と警察側とで言い分が食い違っている。

警察側によれば、

> 農民らは腕力に訴え、そのため予定外の衝突が生じ、数時間の格闘ののち、彼らはかなわず、まるで蜘蛛の子を散らすように四方に敗走した。

といい、被害民の一人・永島与八によれば、

> 警察の方では、警部も巡査も荒武者のように猛り狂って、サーベルをふるって我々を手当たり次第に殴り始めた。警官に殴られ、蹴られ、衝かれ、踏まれて、我々の方ではたちまち十数名の負傷者が出た。なにしろ我々は警官と格闘する意思などあるはずもなく、ただ上京したい一心でいるところへ、

出し抜けに乱暴極まる不意打ちにあったのだから、たまったものではない。特に警官の方ではサーベルで殴る衝く、そのうえ手拭いに石を包んで、ところかまわず殴るという乱暴ぶりで、我々の方は徒手で無抵抗、警官のなすがままに任せるよりほか仕方なかった。やがて我々は蜘蛛の子の散るように逃げ出した。警官は、その逃げるのを追いかけて、被害民一人につき警官が三人も四人もかかって殴打した。

という。

このように両者の主張が食い違っており、また後述するように、この事件の裁判が起訴無効という形でうやむやのうちに終わったため、真相については不明な点が多い。

この事件により、被害民六七名が逮捕され、うち五一名が兇徒聚集罪などで起訴された。五名が「暴動首魁ノ所為」、一名（雲龍寺住職）が「暴動教唆ノ所為」、一七名が「暴動の所為」の重罪、二七名が軽罪での起訴であった。

前橋地方裁判所で開かれた第一審では、六十余名の大弁護団が組織され、無償で弁護に当たった。一〇月一〇日に第一回公判が開かれ、一二月二二日に判決が下った。二名が治安警察法で有罪、二七名が官吏抗拒罪で罰金と禁固、二一名が無罪となった（一名が公判途中で死去）。この判決に対し検察は控訴、被告側も五〇名全員が控訴した。

東京控訴院で行われた第二審は、明治三四年九月二〇日に第一回公判が開かれ、翌年三月一五日に判決が下った。一名を重禁固一五日、二名を罰金とするもので、被害民の全面勝訴に近いものであった。鉱毒被害民兇徒嘯聚被告事件控訴公判判決書のうち川俣村での衝突に関する部分は次の通りである。

川俣村において被告人等の一行が荷車二輌にそれぞれ船を載せたものを引き、大声疾呼しつつ進行し、同村人家附近における警察官の警戒線に近づいたところ、はからずも衝突を引き起こすに至ったことは第一審公判始末書中憲兵中尉菊地伝三の供述として記載があることに徴し、これを認める。また同人の供述として、被告人等の一行はただ同所を通過しようとしたにとどまり、強いて警察官の警戒線を破って猛進しようとするような形勢はなかったという旨の記載によれば、被告人等が多衆の勢力を頼って、暴力に訴えて、警察官の警戒線を破って前進しようという意思に出た行為でないと認めることができる。もし被告人等が警察官に対抗するの意思をもって進行して来たとすれば、今一歩を進めて、あくまで強硬の手段を取って進行しようとする勢いがあるはずであることは理の当然であるが、衝突後瞬時にして退却を始め、館林方面に向かって退散下ということは菊地伝三の供述にある。それによって観察すれば、被告人等の間に警察官に対し暴動行為を為す意思が無かったことが確かである。ゆえにこの際における行動もまた暴動行為と認めることはできない［内水編一九七二］［板倉町一九七七］。

これに対し、検察側は上告し、被害民も全員無罪を目指して、無罪となった四七名を含めて全被告が上告した。

大審院は、明治三五年五月一一日、被告の大部分を無罪とした二審判決を不当として破棄、差し戻した。差し戻し審は仙台控訴院で行われることになった。大審院判決書のうち衝突に関する部分は次の通りである。

原判文に認めている川俣村における行動は、多衆が、現に職務をもって途上を警戒している警察官吏に対して道を開けと大声疾呼して進んで、これに衝突したものであって、刑法一三七条のいわゆる官吏に強逼するの行為またはその他の暴動中に入るべきものである。……原判決がこれを暴動行為にあらずと論断して、被告人に対して無罪を言渡すの理由としたことは失当なりと思量する。……もしこれらの行為が多衆共同の意思に出でたものとすれば、これを刑法一三七条の犯罪（兇徒嘯聚罪《きょうとしょうしゅうざい》）となさざるべからず。そして意思発生の時期は犯罪構成要素ではないので、これらの行動が予め発した共同の決意に基かなくとも、各場合において偶発した共同の意思に基くものと認定し得る以上は、該犯罪を構成することを妨げない［内水編一九七一］。

仙台控訴院での第一回公判は一一月二七日に開かれたが、中立書が検事直筆でないことが判明、さらにそもそも検察が前橋地方裁判所に提出した最初の起訴状も代筆であったことが判明した。当時の刑事訴訟法では裁判で使われる書類はすべて直筆の署名がないと無効であった。そのため一二月二五日の公判で、一審の起訴状に担当検事の署名がないことから、起訴そのものが無効という判決が下された。こうして川俣裁判は起訴無効という形で幕を閉じた。判決書は次の通り。

主文

本件検事の控訴は総《すべ》て棄却する。

理由

明治三三年一二月二二日付原検事福鎌芳隆の控訴申立書検事の署名が自署でないことは、当院の照会に対する同検事の回答書中にその旨の記載あるにより明確なる所であるので、右控訴申立書は刑事訴訟法第二〇条第一項の規定に違背する無効の書類である。従って本件検事の控訴は適法に成立せず［内水編一九七二］（なお、兇徒嘯聚〈聚衆〉罪の構成については、［小田中一九六九］を参照のこと）。

第3節　田中正造の亡国演説

川俣事件発生当日の二月一三日、田中は衆議院で「鉱毒は人を殺し当局諸大臣はその請願者に面会を許さざる儀につき質問書」の趣旨説明を行っていた。

事件の発生を知ると、田中は一四日に「院議を無視し被害民を毒殺しその請願者を撲殺する儀につき質問書」と「警吏大勢兇器をもって無罪の被害民を打撲したる儀につき質問書」の二通の質問書を提出し、一五日にも「政府自ら多年憲法を破毀《はき》し、先には毒をもって、今は官吏をもって人民を殺傷せし儀につき質問書」を提出して、

政府が自ら多年憲法を破棄し、先には毒をもって人を殺して、今は官吏が自己の手を下して人民を撲殺する、このようなことがありましょうか。


と政府を批判した。

一七日、田中は「亡国に至るを知らざれば之れ即ち亡国の儀につき質問書」を提出、この質問書は、

民を殺すは国家を殺すなり
法を蔑《ないがし》ろにするは国家を蔑ろにするなり
皆自ら国を壊すなり
財用を濫り、民を殺し、法を乱して、亡びざる国はない、これをどうするか
右質問におよび候

というもので、その趣旨説明の演説で田中は、

我が日本が亡国に至っている。政府があると思うと違うのである、国家があると思うと違うのである。

政府が人民を殺す。人民を殺すのは、己の身体に刃を当てると同じことである。自分の大切な人民を、自分の手にかけて殺す。これで国が亡びたと言わないでは、どうするものでございます。

と獅子吼《ししく》した。田中によれば、そもそも大挙上京請願は、罪のない人民が殺されないようにしてくれという請願、黙っていては殺される、鉱毒によって殺されるから、殺されないようにしてくれという請願である。請願は憲法に保障された臣民の権利である。それなのに、被害民が大勢で出てくるのが悪いとは何事であるか、殺される側を「不穏当」とは何という不見識か。

杖一本持っていない、一つの兵器も持たない人民に、サーベルをもっていきなり吶喊《とっかん》して斬りかかって、それで逃げる者を追う、一里も二里も追っていって、嬲《なぶ》って、何人もの警官で掛かって、口の中へ砂をねじ込み、泥をすり込み、眼をほじくって……。

と田中は訴えた。

田中にとって、法とは本来国民の生命を守るものであった。国家が存在するのは、国民の生命・財産・自由・名誉を守るためであった（第二章参照）。ところが、鉱毒から自分の生命を救ってくれと請願に来ている被害民を、兇徒聚集罪という罪名で、法律の名の下で彼らを弾圧する。田中にとって、これは許されざる行為であって、国民を守るべき国家の自死ともいうべき行為であった。

田中の亡国質問に対する政府の答弁書は、二一日に出された。それは「質問の趣旨、その要領を得ず、よって答弁せず」というものであった。国民は国家のために存在すると考える政府にとって、田中の「国民を殺すは国家を殺すことである」という主張は不得要領以外の何物でもなかった。

一九日にも田中は衆議院に「良民の請願を目して兇徒となすの儀につき質問書」を提出、

一、鉱毒被害地の人民は、明治一二年より一七年間の長き惨苦の中にあって、納税の義務を負ってきたものである。これ良民に非ずして何ぞ。
一、鉱毒被害地に住み、身体衰弱、父母疾病、子弟死滅の中から兵役の義務に応じる。良民に非ずして何ぞ。
一、数十年間名誉および生命・権利・財産を侵害され、これを回復するためしばしば秩序ある請願を行った、これ良民に非ずして何ぞ。これを兇徒と呼ぶ、その理由は何か。
一、天下の良民は、政府がこれを保護すべき貴重な我が天皇陛下の臣民である。この貴重な臣民であり、かつ悲境に沈淪する被害民を兇徒と名づけるのは、そもそもいかなる理由によるものか、もし理由があるとすれば、明確に答えよ。

と被害民逮捕の不当を訴えた。

二〇日にも田中は「内務省は陛下の臣民を虐殺するかにつき質問書」を提出し、二三日の議会演説で、

まだ日本には、まだわが国には、天皇陛下というものがあるということを忘れないでもらいたい。また臣民というものがあるということを忘れないでもらいたい。ただ目先の利欲、目先の権謀に迷って、大切な国家の前途の運命というものを危うくしている。すでに危うくした。その責任は誰にあるのでございましょうか。そのときの大臣、そのときの立法院、我々にあるのである。……いやしくも国家を思わない者はあるまい。国家を思うならば、幾分かは我々の卑見もご採用あってよろしかろうと信ずる。誰あって国を思わぬ者はいない、国を思わぬ者はないが、日々の目先のことに蔽われて、ついに国家というものを忘れてしまうのである。どうか最初に帰って、本心に戻って、明治初年の新政府が置かれた当時のように、政府もやってもらいたい。帝国議会もまた明治二三年の帝国議会の開設された当時のような心をもって、そうしてこの国をやっていけば、あるいは僥倖《ぎょうこう》にして国家が亡滅に至らないで済むことが、万が一に僥倖することがある

かもしれない。

と述べて、明治初年の初心を政府も議会も忘れ、堕落していると嘆き、初心に返って亡国を防いでもらいたいと願っている。田中の眼には、政府も議会も草創期の精神を忘れ、堕落していると映っていた。明治三三年八月の日記で田中は、

明治元年三月の五箇条の誓文を朗読すると、井上氏は笑った。今より数年ののち、あるいは憲法の朗読を笑うに至るかもしれない。人心堕落恐るべし。

と記している。

田中は議会最終日の二三日には、

① 答弁書議院法違反の儀につき質問書
② 鉱業を停止せざる儀につき質問書
③ 政府は常に公の責任を有せざる儀につき質問書
④ 鉱業を停止せず、地方制度の破れたるを回復せざる儀につき質問書
⑤ 数十万人民の生業を停止して、これに害を加える鉱業を停止せざる儀につき質問書

⑥　各地森林払い下げの代金がその伐木した跡に苗樹を植える経費の半額にも満たない怪しむべき儀につき質問書
⑦　毒流の根源を止めず、伐木を禁ぜず、河川を破壊のままにして改築せざる儀につき質問書
⑧　多大の水産を頽廃せしめ、これを回復せざる儀につき質問書
⑨　鉱業を停止せず、かつ免租の継年期を許可せざる儀につき質問書
⑩　足尾銅山附近群馬県サーリ官林不正下戻しの儀につき質問書
⑪　国家歳出の分捕りを主義とし、人権を無視せんとする儀につき質問書
⑫　財政を紊り、および公私の財産を減じ、そして歳入財源の不足を唱うる儀につき質問書
⑬　政府は多年鉱毒の人命加害の質問に対し詐欺の答弁をなしたるの儀につき質問書
⑭　ことさらに加害者古河市兵衛に縁故あるものを地方官吏に任じて被害民を殺し尽くそうとする儀につき質問書
⑮　鉱毒被害民の病躯中にあることを知りつつ、これを虐待せし儀につき質問書
⑯　政府は特に関八州の人民が従順なるを侮《あなど》り、各所において無量数十万町の山林を押領し、これを愛する所の縁故に与え、一方には己れの利欲のために六万町余の有租地を挙げて砂漠となすを憚《はばか》らず、ついにその被害民を毒殺し及び殺傷せし儀につき質問書
⑰　海外移住の勧誘を為しつつ、かえって帝国本土の廃滅を助成する儀につき質問書
⑱　官吏我欲のために学理上の思想を失いたる儀につき質問書

⑲　輦轂《れんこく》（天皇のお膝もと）の下に直接鉱毒の侵害あるを知らざるかの儀につき質問書
⑳　政府が皇室の尊栄を冒涜し、憲法を無視するの甚だしき儀につき質問書
㉑　我等被害民を救えよ、しからざればこれに死を与えよとの請願に対し、暴行を加え、殺傷せしめしは何等の理由に出でたるかの儀につき質問書
㉒　源を清めず、末を修めんとするの儀につき質問書
㉓　ことさらに良民を殺傷するを謬りたる儀につき質問書
㉔　鉱毒被害地無政府につきての儀につき質問書

と一挙に計二四通もの質問書を議会に提出した。田中の憤りをあらわして余りある。

田中は国民の生命が蔑《ないがし》ろにされることに怒っていた。田中の公生活における原体験は、名主として村と村民を守ることであった。また田中は自由民権家として、政府は人民の福祉のために存在すると喝破し、政府をして人民の福祉のために働かせるために国会の開設を要求した。それは政府と人民が一致協力して国権を強大にするために国会の開設を要求した自由民権運動主流派の国会開設要求や、自由民権運動が批判していた政府の考えと異なる、田中の個性であった。田中にとって、政府が国民の生命を蔑ろにすることは、政府自らが国家を亡ぼすことになるのであった。政府は人民のために存在する。したがって人民を殺すことは国家にとって自らの身体に刃を当てるのと同じことで、自らを亡ぼす所業なのであった。

第4節　田中正造の天皇直訴

田中は川俣事件を糾弾する明治三三年二月一五日の議会演説の中で、

死人を目の前に積んでおいて、目の前に死人を積んでおいて、田中がかれこれ言うのは党派心で言う、党派のためにああいうことを言う、党派拡張の為に言うのであるとか、あるいは自分の選挙区のために言うのであるとか、こういう浅薄な卑しい解釈を下されては困りますから、私は今日限り憲政本党を脱するつもりでございます。これで諸君には党派の区別なく、官民や党派の区別なく、この問題は特別な問題として取り扱ってくださることをお願い申し上げます。この田中正造は衆議院議員であるということで、自分の選挙区の関係があるから鉱毒問題を取り上げているのだというような、そういう馬鹿な説をたとえ一人でも二人でもお持ちの方があるために、被害民の不幸が生じ、また国家の不幸が生じるという不都合がございますれば、私は議員を辞めるのでございます。今日にでも辞めるのであります。

と足尾鉱毒問題が党派の別なく国家的問題として取り扱ってもらえることを期待して憲政本党を脱党すること、および衆議院議員を辞職することを宣言した。もはや政党にも議会にも期待を持てなく

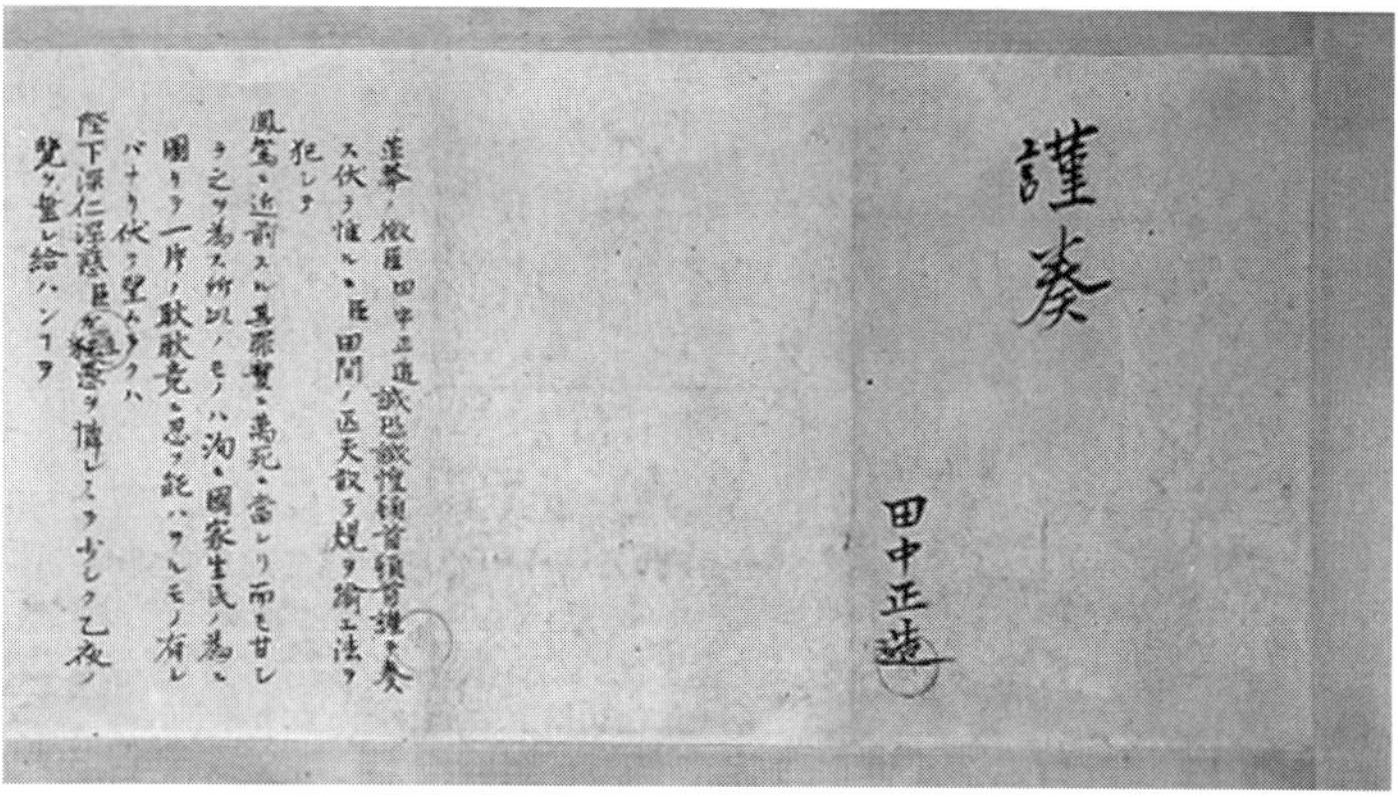
謹奏

田中正造

草莽ノ微臣田中正造誠恐誠惶頓首頓首謹テ奏
ス伏テ惟ルニ臣田間ノ匹夫敢テ規ヲ踰エ法ヲ
犯シテ
鳳駕ニ近前スル其罪實ニ萬死ニ當レリ而モ甘シ
テ之ヲ爲ス所以ノモノハ洵ニ國家生民ノ爲ニ
圖リテ一片ノ耿耿竟ニ忍フ能ハサルモノ有レ
バナリ伏テ望ムラクハ
陛下深仁深慈臣カ狂愚ヲ憐レミテ少シク乙夜ノ
覧ヲ垂レ給ハンコトヲ

「謹奏」

なっていた田中にとって、衆議院議員を辞することは何の未練もないことであったろう。翌三四年の年賀書簡で田中は地元の支援者に、

小生儀、今回限りにて議員は切り上げる決心を致しました。……十年二十年たちまち一夢のように過ぎ去りました。何のなすところもなく、朽ち果て候

と議員辞職の意思を告げ、同年一〇月二三日、田中は衆議院議員を辞職した。

一二月一〇日、田中は議会開院式から帰る途中の天皇に、直訴状を手渡そうと駆け寄ったが警護の警官に阻まれた。田中正造の天皇直訴事件である。田中が手渡そうとした直訴状は、幸徳秋水が原文を書き、田中が手を加えた。

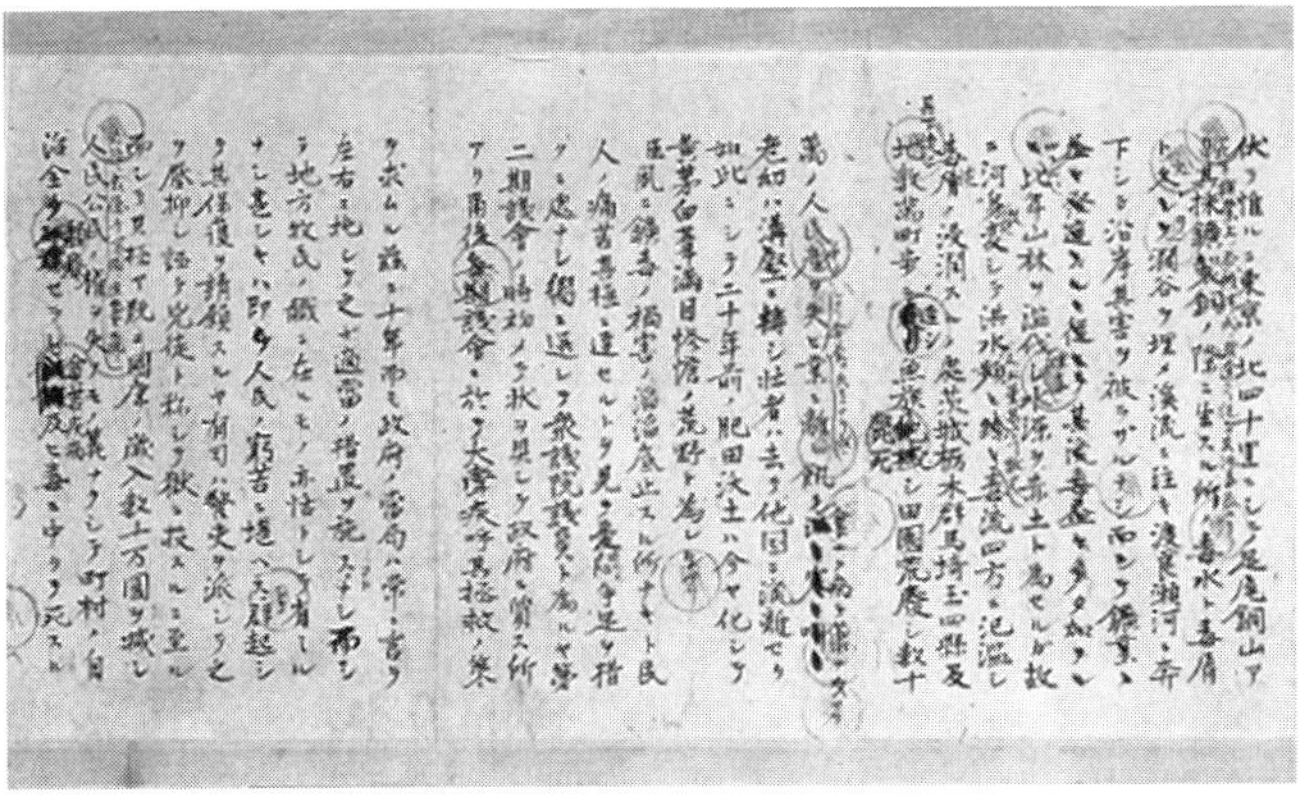

12　田中の直訴状〔個人蔵，佐野市郷土博物館寄託〕

……陛下不世出ノ資ヲ以テ列聖ノ余烈ヲ紹ギ徳四海ニ溢レ威八紘ニ展ブ。億兆昇平ヲ謳歌セザルナシ。而モ輦轂ノ下ヲ距ル甚タ遠カラズシテ数十万無告ノ窮民空シク雨露ノ恩ヲ希フテ昊天ニ号泣スルヲ見ル。嗚呼是レ聖代ノ汚点ニ非ズト謂ハンヤ。而シテ其責ヤ実ニ政府当局ノ怠慢曠職ニノテ上ハ
陛下ノ聡明ヲ壅蔽シ奉リ下ハ家国民生ヲ以テ念ト為サゞルニ在ラズンバアラズ。嗚呼四県ノ地亦
陛下ノ一家ニアラズヤ。四県ノ民亦
陛下ノ赤子ニアラズヤ。政府当局ガ
陛下ノ地ト人トヲ把テ如此キノ悲境ニ陥ラシメテ省ミルナキモノ是レ臣ノ黙止スルコト能ハザル所ナリ。

（中略）

……臣年六十一而シテ老病日ニ迫ル。念フニ余命幾クモナシ。唯万一ノ報効ヲ期シテ敢テ一身ヲ以テ利害ヲ計ラズ。故ニ斧鉞ノ誅ヲ冒シテ以テ聞ス情切ニ事急ニシテ涕泣言フ所ヲ知ラズ。伏テ望ムラクハ

聖明矜察ヲ垂レ給ハンコトヲ。臣痛絶呼号ノ至リイ任フルナシ。
　明治三十四年十二月
草莽ノ微臣田中正造誠恐誠惶頓首頓首」

田中が直訴を敢行したのは、

議会で何度怒鳴っても伝わらず、世間でも金というもののために、我々の味方をしてくださる新聞社の方までも、真実のことは知られないというわけで、ほとんど致し方のない次第でございます。そうであるから九重の雲深き辺り（天皇のこと）には、これほどまでの事件もご上聞に達せず、とかく下々ばかりで種々な細工をしてしまう、被害民の不幸はますます重なるという次第でありますから、せめて一度はこれらの模様を具状して、恐れ多い話ではございますけれども、親しくご裁断を仰ぎたい。

という理由からであった。田中は天皇に鉱毒問題の実状を知ってもらい、裁断を仰ぐことを期待した。
そして直訴を行うために、

私が議員の籍にあるときには、毎年宮中年賀の際などには一同整列している前を、聖上陛下はきわめてゆっくりとご通過あらせられるので、手を伸ばさずとも奏書を奉呈することは容易にできるのですけれども、このような安易なことをしては悪例を示すばかりでなく、私自身も非常の大悪人・大罪人となります。自分は構わないとしても、悪例を残すのは私の最も堪えられないところですから、不本意ながらも控えていたのでございます。

と衆議院議員を辞職してから、直訴を敢行したのであった。

もともと田中は立憲君主制的天皇観ともいうべきものを持っていた。田中は明治二四年九月の日記に、

天皇陛下を直接責任者と身奉るのは憲法政治の第一義に反する。憲法政治の第一義は「君主無責任、大臣責任（君主は責任を負わず、大臣が責任を負う）」である。ましてや帝国憲法第三条に「天皇ハ神聖ニシテ侵スヘカラス」と規定しているのである。神聖にして侵すべからずとは、無責任（責任を負わない）の意であることは論をまたない。

と記して天皇の政治的無答責、すなわち天皇は国政に直接介入できない代わりに、その責任を問われないという理解を示している。明治二九年五月の日記にも、

憲法には天皇に御責任がない、しかし実際には御責任があるように見えてしまう。
憲法には天皇に御責任がない。しかし、しばしば御聖詔を出し、天皇に御責任があるようになってしまっている。しかし、憲法では天皇に御責任はない。

と政府が天皇を政治的に利用して、政府の都合で詔勅を引き出し、その結果天皇に政治的責任を負わせてしまうことを難じている。

このような立憲君主制的天皇観を持っていた田中であったが、足尾鉱毒問題の解決が行き詰まるにつれて、小松のいうように「天皇観の昂進」というべき意識が高まってくる［小松二〇〇一］。この時期、田中は議会演説で、

国民は陛下の赤子である。国土は陛下の領土である。それゆえ被害民も陛下の領土である土地を預かり、また被害民の身体は陛下に捧げられた身体である。この貴重なる宝土と民命が毒殺される現象を放置して、上は陛下に対し、国家に対し、下は祖先子孫に対し何の面目があろうか。

と被害地と被害民は天皇の土地と赤子であるから、それらを救えと政府に迫っている。

天皇への直訴に当たって、田中は死を覚悟していた。明治三四年（一九〇一）一二月一八日のかつ

子夫人宛ての書簡に、

今よりのちはこの世にあるわけの人にあらず。さる一〇日に死すべきはずのものに候。今日生命あるのは間違いに候。

とある。田中は命懸けで天皇に直訴し、鉱毒問題解決の望みを託した。それは世論喚起のための戦略にすぎないものでなかった。直訴後、訪ねてきた弁護士の花井卓蔵に、田中は「我が事破れたりといえども、一片の至誠、天聴に達したりと思えば誠にありがたい次第である」と述べている。

田中の天皇への直訴という行動に対して、すでに田中と付き合いを持つようになっていた木下尚江は、「言語に尽くせぬ」不快感を抱いたという。天皇に直訴するということは天皇の政治干渉を誘導するものであって、これは「立憲国共通の原則に違反し、また最も危険の事態を招く」というのである。

たしかに田中の行動は、政治問題の解決を天皇に委ねるものであって、それを議会や政府に委ねるという立憲主義の原則に反する、天皇親政への道を開く可能性のあるものであった。

とはいえ、田中にはすでに議会や政党には期待できないという想いがあったし、なによりも立憲主義の実現を待っている間に人々が死んでいっているという切実な焦燥感があった。たしかに立憲主義的な問題解決には時間がかかるし、時間がかかるからといって手っ取り早い手段で問題を解決しようとするのは誤りである。しかし、この場合、その間にも人が死んでいっているのである。田中は明治三三年二月の議会演説で、

どんどん人が死ぬのである、死ぬ者があるのに、これを見ないふりをしているとは何事であるか。

と自身の焦慮を吐露し、政府や人々の無関心を憤っている。被害民を目の前にしている田中にとって、一刻も早く問題を解決することが重要であり、そうならないことに焦燥していた。田中は大正二年三月に木下尚江に宛てた書簡で、

今日は今日、未来は未来、まず今日は今日の考えです。明日の考えをもって今日を等閑に付すべきでない。

と述べている。田中にとって、遠い未来における理想の実現よりも、今日の問題の解決が緊急の課題なのであった*。そのための天皇直訴なのであった。

＊この田中の書簡は社会主義を念頭に置いたものである。田中と社会主義の関係はいささか複雑だった。田中正造と足尾鉱毒被害民の運動を、石川三四郎ら新紀元社に拠るキリスト教社会主義者たちは熱心に支援し、田中もまた社会主義を「今の社会主義は時勢の正気なり。当世の人道を発揚するにあり。……この堕落国において最も貴重な主義である」と評価し、感謝していた。田中は直訴状の執筆を依頼したのも社会主義者の幸徳秋水であった。しかし、隅谷三喜男［一九七九］が指摘するように、社会主義者と田中の交わりは、社会主義を軸とするものではなかった。島田宗三の回想によれば、明治三九年に谷中残留民（後述）が上京した折、石川三四郎が上京村民の窮状に同情して、平民新聞社で弁当を与えようとしたところ、社の中から「我々は社会主義のために闘っているのだから」と異論が出て、頓挫したという。平民社のメンバーから見れば、田中たちの運動は社会主義運動でなく、それゆえ協力を渋ったということである［島田一九七二（上）］（石川の協力は人道的なものであった）。他方、田中の方も、遠い未来における社会主義の実現よりも、今日の課題の解決の方が重要であると考えていた［竹内一九八〇］。

第5節　川俣事件と天皇直訴をめぐる世論

川俣事件は新聞各紙が挙って報じた。以下、主要紙の論調を見よう。

『時事新報』は事件に際して現地に特派員を派遣している。特派員は、警察は鎮撫に尽力したが、被害民たちが衆を頼んで応じず、腕力に訴える気配を見せたので、警察側はやむなく抜剣を命じ、憲兵中尉も発砲を命じたと報じている（抜剣命令に関しては、田中が議会で取り上げたこともあり、問題となった。政府は抜剣命令について各地方庁に問い合わせ、群馬県も栃木県も埼玉県もいずれも

「抜剣の事実なし」と公電で回答した。『時事新報』はこれらの公電をそのまま記事の体裁に仕立て、自身の特派員による報道を事実上訂正した）。『時事新報』は田中の議会活動にも批判的であった。田中の質問演説に対しては「田中正造氏、お定まりの質問演説をなす」と報じ、田中の政府批判に対しては「議員満場の大閉口」と冷笑的に報じている。

『東京日日新聞』は政府と密接な関係にあることで有名な新聞で、川俣事件の報道でも、被害民の乱暴に対して警察の行動は「防禦に手を尽くした」ものと表現している。

『万朝報《よろずちょうほう》』も特派員を現地に派遣している。特派員は、巡査の行動があまりにひどいので一言二言注意したところ、巡査が特派員を殴打して負傷させたと自らの経験を伝えている。『万朝報』は二月一六日の社説で、なぜ当局者は被害民と面会して、彼らの言い分を聴取しないのかと政府を批判している。同日の記事「巡査抜剣の有無」は、特派員が実際に目撃したところとして、警部が巡査に抜剣命令を下したとし、諸県からの返電は事実を隠蔽しているとしている。

『東京朝日新聞』は特派員を派遣しなかったようであるが、事件について、

被害民たちは巡査に乱打されて半死半生となった。さらに警察側は被害民一人に対し六、七人で取り囲み、手足を取って身動きができないように縛り上げ、そのまま泥田の中に被害民の顔を押しつけて得意満面となっていた。最後に被害民が四散すると、警察は大声で万歳を三呼して引き揚げた。

と報じている。取材源は被害民であったろう。『東京朝日新聞』は田中の議会活動についても好意的に報じている。たとえば一五日の議会演説について「当日の演説は頗る感動を引き起こした」と伝え、二三日に田中が行った計二四通もの質問書提出についても、

栃木鎮台（田中のあだ名）が鉱毒事件に関する二四ヶ条の質問書を読みかつ論じたことこそ議会最終日の唯一の呼び物であった。一刻、一分を争う最終日の衆議院が比較的長時間にわたる彼の演説に耳を貸したのも偶然ではない。……腐敗の醜塊ともいうべき第一四議会の最終日において、ともかくも奇矯にして熱誠なる彼の口から最も重大な人民の痛苦を聞き得たことは、記者の終生の記念である。

と評している。

『読売新聞』も特派員は派遣していないようであるが、事件について、

寸鉄も帯びない被害民が雪崩を打って引き返したのに対し、警察は鬨《とき》の声を上げて追いかけ、後ろから突き倒し、倒れたのを靴のまま踏みつけ、面部・頭部を殴打し、逃げ遅れた老人に「年寄りのくせに生意気な奴だ、再び上京などと騒がぬよう痛い目にあわせてやる」と後頭部を持って

面部を砂中に押しつけた。

と警察に対し批判的に報じている。また、事件後の警察の行動についても、

鉱毒被害地では警察が被害民の主立ったものを拘引し、家宅捜査も行っているというとして、これは被害民一同に恐怖心を抱かせて再び上京運動を起こさせないためであり、果たして人民を保護すべき警察の行うことであろうか。

と批判している。『読売新聞』は田中の議会活動にも好意的で、田中の演説に対し「彼の熱心な態度を見た我々は、彼に向かって満腔の同情を表するを禁じ得ない」と評し、一五日の演説に対しては、

彼の演説は熱誠溢れてほとんど涙を落とすばかりであった。議員は黙然としてこれを聞き、傍聴人もまた黙然として聞いた。彼は滔々一時間、一種の凄みを帯びた大演説をした。この長演説を満場の議員が謹聴しただけでなく、その降壇に際して拍手が四方に起こったのを見ても、彼の熱誠がようやく満場の認めるところとなろうとしていることを知るべきである。

と伝えている。また第一四議会の閉会後には、

初期議会以来最も多く質問演説を試みた者は田中正造で、またこれを最もよく政府弾劾の方法として利用した者も田中正造である。田中の質問演説は、質問演説としてほとんど成功したものといってよかろう。しかし、それは決して田中の雄弁のためでない。田中は質問演説に一心を込めて、詰問もする弾劾もする、そして一面には泣いて議員と傍聴人とに訴える。こういう具合に質問演説を自分の生命としてやったから、それで成功したのであろう。

と田中の「一心を込めた」質問演説を評価している。

『日本』は事件前からすでに被害民の大挙上京計画を報じ、

これまで何回となく惨状を説明して政府に哀願するも、政府の処置が緩慢なため、数日来より大挙上京の準備をしつつある。

と被害民に同情的な立場で説明していた。事件が発生すると、

逃げ遅れた被害民一人に対し三人四人の巡査が打ち重なり、老人に対しては「この爺い、二度と騒がぬように痛い目にあわせてやれ」と顔を石で殴ったこと、あるいは別の被害民に対しては額

を砂礫に擦りつけた。

と警察側の暴行に焦点を当てて報じている。報道が不得手で論説が得意な『日本』であったが、警官の抜剣についても、『時事新報』や『下野新聞』の報道を引用して、警察の態度を非難している。『日本』は、報道新聞のように中立な報道を心掛けるというより、田中や被害民に同情的な立場を隠さず示す言論新聞らしいものであった。『日本』および姉妹誌の『日本人』に集う国粋主義者たちは、一貫して田中と被害民を支援してきた〔佐藤一九七九〕。

『毎日新聞』は、被害民たちが一二日に雲龍寺に集合して上京の途に就くと、早速一四日に記事にして、被害民が上京したならば、大臣たる者よろしく胸襟を開いて被害民と会見すべきである、これを憲兵や巡査に抑圧させようとするのは愚策であると論じた。また事件の発生に際しては、被害民からの情報に基づいて事件を報じた。社長の島田三郎と田中との親しい関係から、同紙は被害民から情報を得て報道したものと思われる。事件後には木下尚江を特派員として現地に派遣して、被害民に取材して「佐野だより」や「鉱毒飛沫」などの大型連載として掲載した。その立場は政府を非難するものであったが、鉱業停止論には判断を留保していた。

『二六新報』は川俣事件への関心が低く、事件に関する記事は少なく、あっても短い電報記事で、コメントや詳報はない。その一方で、田中個人に対しては好意的で、田中が憲政本党を脱党する決意を示した一五日の演説を報じる記事では、田中は「その経歴において、その知識において、その識

13　木下尚江（左から４人目、その左は幸徳秋水）

見において、他に劣るような人物でない。田中が憲政本党を脱することについて、我々は田中氏のために満腔の同情を寄せて悲しむとともに、憲政本党のため一の名士を失うことを惜しまざるを得ず」と評している。『二六新報』は総じて東京での出来事に関心を集中させる傾向があり、そのため群馬県川俣での出来事には関心が低かったが、その一方で東京での田中の議会活動には関心を払い、それを好意的な論調で報じている。

『報知新聞』は被害民と警察側のどちらにも与することなく、記事の活劇的な娯楽性を優先させていた。

以上を要するに、『時事新報』と『東京日日新聞』は被害民に批判的で、警察側に立っていた。『東京朝日新聞』『万朝報』『読売新聞』『日本』『毎日新聞』は被害民に同情的で、警察に批判的であった。『報知新聞』は中立であった。

このように被害民に同情的な新聞が多かったが、とはいえ田中の唱える鉱業停止論に与していたわけではなかったことに注意が必要である。『万朝報』は、被害民の大挙上京に対しては「彼らの実状に全く忍び得ないものがある」としながらも、問題の解決策については「情と理に従い処分」すべきであるとしていた。『毎日新聞』は、「わが国の学問と技術とは優に鉱毒予防の策をまっとうして余りあることを信じる」と、除害工事の完備に期待を寄せていた。『日本』も「除害につとめる余地がある」と除害工事の完備を銅山に要求していたのである。

被害民と田中に対する支援の輪も広がった。たとえば東京芝区白金今里町で牛乳搾取業を営む三浦光四郎なる人物は毎朝二合ずつ田中に牛乳を寄贈することを申し出た。また栃木県佐野町の小林庄太郎は東京芝口三丁目の鉱毒事務所に五〇円の寄付を行ったと報じられている。ほかにも同情を寄せる者の寄付金、あるいは田中のもとに四方から慰問状が寄せられていることが報じられている。

こうした中、政界でも動きが生じ、憲政本党は二月一六日に代議士総会を開き、党として鉱毒調査会設置の建議案を議会に提出することを決議した。憲政本党の建議案は二〇日に衆議院に提出され、満場一致で可決された。このときの鉱毒調査会設置の議は、翌年三月に政府が「今特に調査委員会を設けることは、その必要を認めるに至らず」と答弁することで、実現するには至らなかった。とはいえ、川俣事件とその報道が契機となって、調査会設置の議が出てきていたことは注目に値する。

また川俣事件の公判が明治三四年九月に東京控訴院に移されると、在京各紙は公判の模様を詳しく報じた。それまで群馬県前橋地方裁判所で公判が行われていたときは、時事新報など比較的紙面の大きい新聞でしか扱われなかったものが、東京に移されると多くの新聞が報じるようになったのである。しかも公判の過程で判事らが鉱毒被害地を臨検し、随行した各新聞社の特派員によって被害地の惨状が伝えられた。たとえば『報知新聞』記者の矢野政二は、

全く驚いた。有り体に言えば、被害地人民の騒ぎ方もひどすぎはしないかと思っていたが、実地を見れば、その被害が栃木・群馬の両県にわたり、まるでこの世の地獄の有様だ。しかも政府がこれを十年も放っておいたのには全く驚いた。

と伝えている。また臨検には横井時敬、長岡宗好、豊永真理の三人の農科大学教授が同行し、「この毒土は有毒の恐るべき銅分を含有し、またこのため土地の生産力は減損し、かつての世上稀有の沃土も変じて痩薄の地となり、収穫量は大いに減じている」という鑑定書を提出した。この鑑定書は『足尾銅山鉱毒被害地検証調書』というパンフレットとなり、世上に流布した（［内水編一九七一］に所収）。

明治三四年一一月には潮田千勢子を会長とするキリスト教婦人矯風会のメンバーによる鉱毒地救済婦人会が結成された。この救援会は生活・医療・教育など被害地農民（特に貧窮者や病者、子供など）を物資や診療サービスで救援した。こうした動きに対抗するかのように、仏教系や無宗派系の救援組織も生まれ、活動するようになった。仏教各派が連合して作った仏教者同盟会による施療院は、群馬県海老瀬村の松本英一宅に設けられ、専任の医師が常駐して、被害民に多かった眼病などの治療に当たった［板倉町一九七七］［群馬県一九九一］。

さらに明治三四年一二月の田中の天皇直訴事件は世間に大きなインパクトを与えた。新聞各紙は号外を発行し、田中の行動を挿絵入りで大々的に報じた（なお田中の処遇は、直訴に関する刑事上の罰則規定がなく、また前代未聞の事件で判例もなかったため、無罪放免となった［森長一九八二］）。

志村章子［田村編一九八七］は、田中と足尾鉱毒問題に影響を受けた人を列挙しているが、そこには黒澤酉蔵《とりぞう》（若き日に田中の天皇直訴に感銘を受け、田中の秘書役として働き、のちに北海道に渡って雪印乳業を創業、また酪農学園大学を創設）、河上肇《はじめ》（『貧乏物語』の著作で知られる経済学者。東京帝国大学法科大学政治科在学中に鉱毒演説会を聞いて感銘を受け、その場で外套、羽織、襟巻きを寄付したことは有名なエピソード）、石川啄木《たくぼく》（盛岡中学生のとき田中の天皇直訴に衝撃を受け、『岩手日報』の号外を売って義援金を寄付した）、長塚節《たかし》（明治三四年に「鉱毒被害民の惨状を詠ずる歌」を詠う）、志賀直哉（明治三四年に足尾鉱毒被害地の見学会に参加しようとしたところ、父に祖父がかつて古河市兵衛と足尾銅山を共同経営していたという理由で反対され、これが父との対立の原因になったといわれる）、荒畑寒村（本書「はじめに」で前出）、谷干城（貴族院議員で、被害地を視察して衝撃を受け、鉱毒演説会の弁士を務める）、榎本武揚（農商務大臣として被害地を視察、第一次鉱毒調査委員会を設置）、勝海舟（田中と交流があり、「古河の濁れる水を真清水に　誰がかきまぜて知らず顔なる」の歌があり、座談でも「鉱毒問題は直ちに停止の外ない」と発言している）、津田仙（農学者で、被害地を視察）、古在由直（農学者で、被害地の依頼で土壌分析）、島田三郎（『毎日新聞』社長として、また衆議院議員として田中を支援）、木下尚江（『毎日新聞』記者として被害民擁護の論陣を張り、田中の最期を看取った）、松本英子（『毎日新聞』記者として被害地のルポルタージュを連載）、幸徳秋水（田中の直訴状原文を執筆）、巌本善治（明治女学校校長として、また『女学雑誌』の社長として田中を支援）、内村鑑三、田村直臣、矢島楫子《かじこ》、潮田千勢子（いずれもキリスト者で、田中と鉱毒被害民を支援）、柏木義円（群馬県の安中教会の牧師）、新井奥邃《おうすい》（田中に強い影響を与えたキリスト者）、島地黙雷《もくらい》（仏教徒、築地本願寺を被害民の押出しの宿泊所として提供）、加藤咄堂《せつどう》（仏教徒、熱心に鉱毒演説会を開催）、伊藤証信（「無我愛運動」で知られ、田中を「日本のトルストイ」と称するほど感銘を受けた）、安部磯雄（キリスト教社会主義者、後述の学生鉱毒地視察を呼びかけて引率）、三宅雪嶺《せつれい》（『日本人』の国粋主義者。三宅の家は田中の上京時の定宿）、石川三四郎（社会運動家・アナキスト、『新紀元』を発行、田中と被害民を支援）、福田英子（社会運動家・女性解放運動の先駆けとして知られる。雑誌『世界婦人』を発行、田中の晩年に最も親しかった一人）、逸見斧吉《へんみおのきち》（実業家で田中を支援。のち全国缶詰業組合連合会会長）などの名がある。

明治三四年一二月二七日未明、在京学生らが鉱毒地視察旅行を行った。視察旅行には五二〇名の学生が参加し［工藤一九八〇］、学生以外の参加者を含めると総勢千余名に達したという（『二六新報』明治三四年一二月二九日「鉱毒被害地大挙視察」）。『毎日新聞』の記事によると、参加者は早稲田専門学校二八五名、早稲田中学五二名、大学生九八名、高等中学生一一〇名、尋常中学生五六名、小石川白山道場二〇名、毎日新聞木下尚江の一隊四一八名、その他有志新聞記者五八名、僧侶島地黙雷や弁護士ら数十名ということである。足尾鉱毒反対運動は、そもそも初期において東京専門学校政治学科学生の長祐之や須永金三郎たちが重要な役割を果たしたように、当初から学生の積極的な関わりが見られたことが一つの特徴である。田中の天皇直訴事件も学生たちの決起を引き起こした。彼らは人道的義憤から、また青年の血気から運動に加わったのであろう。そうした学生たちのなかには、田中正造の天皇直訴に衝撃を受けて運動に加わり、最後の谷中闘争まで田中を支援し続けることになる、当時東京専門学校学生（高等予科三年生）の菊地茂もいた［斉藤編一九七七・一九八四］。

年が開けると彼らは東京市内で視察報告演説会を行い、その後も各地で路傍演説を行って、被害地の惨状を訴えた。また新聞紙上には「鉱毒彙報」といった形で連日のように足尾鉱毒問題の記事が掲載された。「鉱毒被害地幻灯映画」の上映会も各地で行われた。

こうした状況に、政府は学生の被害地視察旅行や路傍演説を禁じ、また被害民に同情的な新聞を告発・起訴するなど強硬な対応で臨んだが、他方で問題の根本的解決をはかるべく、内閣に鉱毒調査委員会を設置することを決めた。

第六章

第二次鉱毒調査委員会

川俣事件と田中の天皇直訴による世論の盛り上がりに対し、政府は鉱毒問題の最終的解決をはかるべく第二次鉱毒調査委員会の設置を決めた。この委員会は、足尾鉱毒問題の最終的な解決策を提示し、それによって田中正造に新たな闘いを強いた点で、田中と足尾鉱毒問題の歴史にとって決定的に重要である。委員会が出した答えは、渡良瀬川の洪水を防ぐため、谷中村を遊水池とするというものであった。

本章では、まず第二次鉱毒調査委員会の討議と結論を、なるべく客観的に描き出してみたい。それというのも、この調査委員会について、田中の立場から見た、委員会に悪意ありきの記述がこれまでの研究において多いからである。そのうえで、第二次鉱毒調査委員会の結論に対する田中の反応を見ていく。田中にとって、鉱毒問題とは人権問題であった。そうである以上、一部の人々を犠牲にして他の人々を救うという第二次鉱毒調査委員会の解決策は容認できなかった。人権はすべての人に等しく保障されなければならない。誰かに対する権利の侵害を容認すれば、いつか自分の権利も侵害される。これが田中が谷中村の遊水池化に反対する理由であり、彼が人々に訴えたことであった。

第1節　第二次鉱毒調査委員会の発足

明治三五年（一九〇二）一月一七日、以下の請議書が閣議に提出された（第一次桂太郎内閣）。

近来鉱業の進歩に伴い、鉱山所在の地方人民の利害に関して往々紛議を生じ、特に足尾銅山のごときは数年来の紛議がいまだやまず、最近ますます盛んになっている。また別子銅山も同一の状勢になりそうな予兆がある。よって鉱毒の状況ならびにその処置の方法を調査するため内閣に調査委員会を設け、内閣および内務・大蔵・農商務の三省の高等官ならびに帝国大学教授より委員を選定し、調査を行うことにしたい。

すなわち、足尾銅山の鉱毒問題をめぐって数年来の紛議がやまず、近年ますます激しくなってきている、このような状勢は別子銅山にも兆している、それゆえ鉱毒の状況と処置方法を調査するため、内閣に調査委員会を設けたいというのである。この日の閣議で鉱毒調査委員会の設置が決定された（明治三〇年の調査委員会と区別するため、第二次鉱毒調査委員会と通称される）*。

＊第一次と第二次の鉱毒調査委員会では以下の違いが見られる。（一）第一次鉱毒調査委員会は正式名称が「足尾銅山鉱毒事件処分委員」であったように、もっぱら足尾銅山を対象としていたが、第二次鉱毒調査委員会では正式名称が「鉱毒調査委員会」となり、小坂鉱山や別子鉱山を含む日本の鉱毒問題全体が調査対象となった。（二）議論の基調も変化し、第一次鉱毒調査委員会で激しく議論された鉱業停止か非停止かという問題は、第二次委員会では表面化しなかった［菅井一九七六］。

三月一五日、勅令第四五号で「鉱毒調査委員会官制」が公布され、

第一条　鉱毒調査委員会は内閣総理大臣の監督に属し、鉱毒に関する実状および処分の方法を調査する。

第二条　鉱毒調査委員会は委員長一人、委員一五人以内で組織する。

第三条　委員長および委員は、内閣、内務省、大蔵省、農商務省の高等官、および帝国大学教授の中から内閣総理大臣の奏請によりこれを命ず。

第四条　委員長は会務を処理し、調査の結果を内閣総理大臣に具申する。

第五条　委員長は調査事項に関して、関係官庁に事実の説明および書類の提供を求めることができる。

第六条　委員長は事項を指定して関係官庁に調査を求めることができる。

第七条　委員は委員長の指揮を受け、調査に従事する。

第八条　鉱毒調査委員会に主事一人を置く。
主事は委員長の指揮を受け、庶務を整理する。
第九条　主事は委員長所属官庁高等官の中から内閣総理大臣の奏請によりこれを命ず。
第一〇条　鉱毒調査委員会に書記若干名を置き、委員長所属官庁判任官の中から、またはその他から委員長がこれを命ず。

と定められた。一七日には委員会の委員が発表された。

委員長　法制局長官　奥田義人
委員　東京帝国大学工科大学教授工学博士　渡辺　渡
土木監督署技師工学博士　日下部辨二郎
農商務省鉱山局長　田中隆三
東京帝国大学理科大学教授理学博士　神保小虎
大蔵書記官　若槻礼次郎
営林技師　村田重治
東京帝国大学工科大学教授工学博士　河喜多能達
東京帝国大学農科大学教授林学博士　本多静六

内務技師　野田忠広
内務書記官　井上友一
東京帝国大学工科大学教授工学博士　中山秀三郎
農商務省農事試験場技師　坂野初次郎
東京帝国大学農科大学教授農学博士　古在由直

これに四月二三日に田原良純（衛生試験所技師）と橋本節齋《せっさい》（東京帝国大学医科大学教授）が新たに委員に加えられた。

一八日、鉱毒調査委員会のメンバーは午後三時に首相官邸に参集し、桂太郎首相から挨拶を受けた。

桂首相は、

この調査会は世間の問題となっている足尾銅山、別子銅山などにおける鉱毒に関する実状および処分方法を調査するために設立したものであります。とりわけ足尾銅山のことに関しては、ご承知の通り政府はさる明治三〇年に特に調査委員会を設け、その意見を徴し、主務大臣より当業者に予防命令を発し、特殊の設備を設置させたのであるが、今日に至るもなお世間で物議が収束していないのは遺憾のことと存じます。そもそもこの鉱毒問題を十分に解決することは、もとより容易のことは思いません。しかしながら、今のうちに方針を定めておかなければ各種の錯綜した事情が纏綿《れんめん》とし、今後ますます困難に困難が加わることは明らかと信じますので、この際十分な調査を遂げ、適切な善後の計画を定め、できる限り本件の終局を期するつもりであります。

と述べた。すなわち、足尾銅山の鉱毒問題に関して今なお世間に物議があるので、十分な調査を行い善後策を講じることで、できる限り本件の終局をはかることが調査会設置の目的であるというのである。

第2節　調　査

同日午後四時から鉱毒調査委員会は第一回会合を開いた。この日の会合では、委員会の調査事項として、

一　鉱毒

一　性質、程度

二　原因

三　被害（人、動物、植物）

四　被害の区域、程度

五　鉱毒と混同される他の毒源の有無

一　足尾銅山に関するもの

一　予防設備の状況

二　渡良瀬川水源の山林経営の状況

右両項につき監督官庁の発した命令の適否および実行の状況

右の命令以外に鉱業人が行ったことがあれば、その状況

三　現在の設備のほか、予防上さらに必要とする事項

一　鉱毒地の救済に関するもの

一　将来における除害方法

二　被害土地に関する処分

三　被害地人民に関する処分

四　被害の損害の補償

と確認された。

三月三一日の第二回会合では、概括的な実地調査（本格的な実地調査は次回以降）のため、日下部・渡辺・神保・河喜多・中山各委員を第一組として四月三日東京発、一一日まで現地調査、奥田・田中・若槻・井上・野田・坂野・古在各委員を第二組として、第一組と逆のルートで四月三日から

一一日まで現地調査を行うこととした。

調査委員の現地視察に当たって、委員長名で被害地の各知事に宛てて次の依頼文が発せられた。

今回鉱毒調査委員が別紙の予定で鉱毒被害地概況視察のため貴県下へ出張するについては、概略左記の点につきご配慮をお願いします。

一　委員出張の節には、官民の送迎等はかえって紛擾をきたす恐れがあるので、決して行わないようご注意ください。

一　本件については地方庁の責任重大なので、いずれご意見のあるところを拝聴したいと思いますが、今回の現地視察に際しては、こちらから特に依頼した場合以外、ご案内やご説明等はお見合わせください。

一　被害地人民が多人数集合して、それが視察の妨害となっては不都合のため、しかるべき取締まりをお願いします。

一　委員の旅館等へ被害地人民が多人数押し寄せては、面会もできかねるので、陳情すべきことがあるときは、少数の総代を選んで、これと面会するようご配慮願います。

委員が客観的な視察が行えるよう配慮していたことが分かる。

委員の現地視察は四月三日から一一日にかけて予定通り実施され、一四日午後四時から委員会の第三回会合が開かれた。この日は先の概括的な実地調査を受けて、専門調査の分担事項を決定した。

この役割分担に従って、各委員が被害地に赴き、専門調査を行った。当時の新聞報道をもとに摘録すると、五月二三日から橋本委員らが栃木県足利郡や安蘇郡などで被害民の身体検査を行い、田原委員たちは水質検査を行った。その途中経過が二五日の『東京日日新聞』に掲載され、

橋本医学士が水質と病者との関係について語るところによれば、鉱毒地の井水は一般に水質不良であって、飲料に適するものは少ない。これはこの地方がおおむね低地であって、洪水氾濫によって汚物が沈殿しやすい。その汚物が降雨等によって徐々に地中に浸透して井中に流れ込むこと、また下水に近接しているため井水が混濁し、往々茶褐色を呈するものさえあること、しかも多年浚渫してないため、無数の有機物が発生するに至っているためである。これら不良の井水を飲用することと、この地方が概して湿地であることは、鉱毒が衛生を害するよりもはなはだしい。多数の病者が十二指腸蟲、間歇熱、回蟲等の諸症状を発していることからも明らかである。

と鉱毒地の病気は井水の水質不良によるもので、必ずしも鉱毒によるものでないという見方が示された。

六月には麦作調査や桑樹調査が行われ、また古在委員が被害地の土壌調査を行った。

14　脱硫塔（第二次鉱毒調査委員会で，煙害予防効果をあげていないとされた）

七月も引き続き調査が行われ、明治三〇年の予防工事命令で足尾銅山の煙害を防止するため設けられた脱硫塔の不備が問題となった。

そもそも足尾銅山における脱硫塔の工事は、第一次鉱毒調査委員会も頗る苦心し、鉱業者も比較的大金を投じたものだが、その結果については完全無欠と断言できない点もあるため、今回は一層の調査をしているところである。

と報じられている。

調査を重ねるうち、時間が足りなくなってきた。四月二七日の『東京朝日新聞』は「六ヶ月以内では終了しないかもしれないらしい」と伝え、四月三〇日の『報知新聞』は、

鉱毒調査会の結了期日は来たる九月で、同月ま

では報告書も完成させる予定であったが、目下議論噴出、内部不統一のため九月までには完了しない見込みであるという。

と報じている。

鉱毒調査委員会は五月一九日に第四回、三〇日に第五回の会合を開き、第四回の会合で別子銅山について論じ、第五回の会合では結了期間を九月でなく、一一月とすることに決定した。

九月二六日、委員長で法制局長官の奥田義人が辞任し（表向きの理由は持病の胃腸カタルの療養のためであったが、真の理由は奥田が委員長を兼任していた行政整理委員会の整理案が閣議で却下されたためだという）、九月三〇日に一木喜徳郎が法制局長官に就任し、鉱毒調査委員会委員長になった。

鉱毒調査委員会は一〇月二九日に第六回会合を開いた。この日は一木喜徳郎委員長の新任の挨拶のあと、各委員の実地調査の報告が行われた。まず神保委員は、渡良瀬川を流れる土砂の中に足尾銅山の鉱石が存在するかを試験した結果として、「上流には発見したが、下流には発見せず」と報告した。

次に渡辺委員は、明治三〇年の予防工事の現在における完否を調べたところ、「成績不良と認めるものはガス」であり、その改良方法について実験中であると報告した。

河喜多委員は、第一に煙突のガス、第二に脱硫塔の排水、第三に坑内の水、第四に選鉱の水、第五に堆積場の土砂からの水、第六に河川とその支流の水、第七に濾過池の坑水、第八に河川の土砂、第九に出水時の浮遊物、これらを試験した結果、第一から第四までは予防工事の効果が見られ、第六については濾過池から悪水が流れ出ていることが確認され、第八については九月の大雨により堆積場が破壊したため正確な試験ができず、第九についても上流と下流で同一という不自然な結果が出たため、現在攻究中であると報告した。

村田委員は、「森林荒廃は樹木の濫伐によるものであるが、予防工事命令後の植林事業は良成績といえる」と報告した。

日下部委員は「治水に関する事項は村田委員の調査結果による」としてこの日の報告を見合わせ、中山委員も「村田委員の報告を得なければ方針を立てることができない」として報告を見合わせた。古在委員は「自分の担当は一般農業に関する事項なので、調査事項も各種にわたり、概括的に述べるのは難しい」と述べ、すでに時間も遅くなったことであるから、次回に譲りたいと提案し、この日の会合は午後六時二〇分に終了した。

第七回会合は一〇月三一日に開かれた。はじめに別子銅山について議論したあと、足尾銅山に関する議題に移った。まず田原委員が説明に立ち、衛生に関する事項のうち飲料水と食物における銅分の含有量を試験した結果として、銅による健康被害について否定的な見解を示した。

野田委員は、一般飲料水が不良であることは認めつつ、被害地に十二指腸病と眼病のトラホームが多いのは「不潔な生活に起因」し、また被害地で死亡者が多かったのは「赤痢が流行した当時」のことであるとして、被害地における病気は衛生不良によるもので、鉱毒病なるものは迷信であると報告した。

古在委員は、被害地における農作物不作の原因は銅分であること、また銅は溶解しないときは全くの無害、溶解するときは有害となるが、被害地は「不溶解に保つことができないため、いわゆる鉱毒を呼称するに至ったものである」と被害地における銅毒の存在を認める報告を行った。さらに古在は、被害地の種別について、「明治三〇年に行った免租地の三分の二は鉱

15　古在由直

毒地と称してよい。少量の銅分がある地には格別の損害はない。一般水害地は銅分がなくても不作地であることは言うまでもない」と述べた。

第八回会合は一一月二五日に開かれた。この日は、まだ調査報告を行っていなかった日下部委員と中山委員、および前回欠席だった坂野委員がそれぞれ報告を行った。

治水を担当した日下部委員と中山委員は、「渡良瀬川と利根川の水量を種々測った結果、治水上二つの方法を案出した」として、

第一の方法は渡良瀬川の氾濫箇所に堤防を作り、その水を利根川に疎通すること、すなわち新川

を開削して、利根に水を落とすことである。

第二の方法は渡良瀬川の沿岸に水溜を作り、これを利根川に流出することである。

と二つの方法を挙げ、「第一の方法を実行するとすれば、現在行われている利根川経営を変更しなければならず、大事業を引き起こすことになる。それゆえやむを得ず第二の方法を実行するほかないであろう」として、「渡良瀬川の沿岸に水溜を作り、これを利根川に流出すること」を提案した。これはのちの谷中村遊水池化につながる重要な提案であった。

次に坂野委員は「足尾では煙煤が付近の植物に害を及ぼす程度にあることが認められる」とする一方、河水中の銅分は明治三〇年の予防工事以前と比べて減少したことは明らかであると報告した。

このあと処分方法の協議に移り、

諸君の言明されたところにより、いわゆる鉱毒が存在するため害を与えていること、しかしその害は設備を完備すれば防御し得ることが認められた。

とされた。すなわち、鉱毒が存在すること、それによる害があることが確認され、しかしその害は設備を完全にすれば防げるとされたのである。

次に明治三〇年の予防工事が実際に実行されているかに議題が移り、これは実行されていることが確認された。

第九回会合は一一月二七日に開かれた。前回の会合で明治三〇年の予防工事命令は実行されていることが確認されたので、これに関連して「九月二八日の水害に関しては、その命令は効果があったといえるかどうか」が議論された。ここでは以下のやり取りがあった。


中山委員「予防工事は十分の効果があったと報告を受けた」。

日下部委員「従来の設備は目的を達したものと認める」。

本多委員が疑念を表明。

中山委員「とにかく効果があったといわざるを得ない」。

野田委員「出水時の銅分は平時の二倍以上となっており、予防工事は十分との説もあるが、出水時の銅分に照らして甚だ了解に苦しむ」。

古在委員「野田委員の疑問に同感」、また「八月二六日に助手を足尾銅山に出張させたところ、濾過池において水があふれているのを目撃したというが、これはどのような原因によるものか」。

渡辺委員「それは水桶の番人が開閉の調整を怠ったため生じたものである」。

田中委員「濾過池の設備は渡辺委員の説明されるような番人の調整等は必要とするものではないと思う」。

渡辺委員「本員が現地で遭遇したことである。とにかく過失である」。

田原委員「監督方法の仕方によるのではないか」。

河喜多委員「もし単に掃除を怠るようなことがあったとしても、自然溢水は免れがたいと思う」。

中山委員「渡辺委員の意見もあることだから、まず防御方法を定め、それから設備の完否を決定してはどうか」。

一木委員長「同感である」。


このように明治三〇年の予防工事の効果に疑問を呈する委員（本多・野田・古在）もいたが、中山・日下部・渡辺・田原・河喜多委員の意見により、予防工事の完否より監督の問題とされ、それに一木委員長が与した。

また、この日の協議で、若槻委員が「仮に鉱業を停止すれば、害はないものか」と尋ねたのに対し、坂野委員が「仮に停止したとしても、河底などに毒物が残存するので、無毒とすることはできないであろう」と答えた。

この日はほかに土地回復方法と被害地救済について論じられた。土地回復方法については、古在委員が免租地を「特別地と五類甲乙」の一一種類に分類し、

特別地は回復の見込みがない。一類の甲から二類の甲までは鉱毒地であって、回復の利益がない。

二類の乙から五類の甲までは、洪水がなければ多少収穫の見込みあり。五類の乙は、少々の銅分はあるが、さして作物に害を与えることはない。

とした。除害方法については、

毒土が浅ければこれを除去し、深ければ石灰を用い肥料を与える。そうすれば、毒物を全く除去することはできないが、徐々に回復する見込みはある。毎年石灰五〇貫目を使用し、一二か年継続すれば、害を除却することができるであろう。

と述べた。被害地（民）救済方法については、古在委員は、

一　貯水池とする土地は政府が買収する。
一　免租年限が終わるのを待って、耕作地に対し地価を修正する。
一　農事改良のための資金を下付すること。

と提案した。

第一〇回会合は一二月一九日に開かれた。治水事業について中山委員は、治水事業については、その目的で測量を行ったものがないので、確固とした計算をすることができないが、高低測量の結果本会で調製された図面に基づいて、ご参考までに陳述する。全体については日下部委員と協議し、まず本年八月の谷中村、九月の藤岡町各堤防の決壊点およびその出水の模様、これと利根川との関係を攻究した。まず藤岡の決壊点から赤間沼へと引水し、それから谷中村へ流入する計画で設計した。平均一〇尺の深さで三〇〇〇町歩の遊水池があれば、相当の効果があると思う。この範囲は一つの遊水池となるよう、藤岡の堤防を低く作る考えである。

と、赤間沼から谷中村へ水を流入させて、谷中村を一つの遊水池とする案を示した。中山は続けて経費について述べ、谷中村の土地買収費を含めて六六〇万円と算出した。

次に委員長が本多委員の意見書を代読し（本多委員は他用で欠席）、既往の損害を政府が賠償すること、および被害民の北海道への移住を提案した。

古在委員は、鉱山にいかなる設備を命じても鉱毒の流下を止めることは到底できないから、被害激甚地を政府が買収して遊水池とする以外に解決策はないと述べた。これに対し若槻委員が「被害地を買収すべきとすれば、将来いずれの鉱山に対しても同様に政府が被害地を買収しなければならなくなる。それゆえ買収の理由を攻究する必要がある」と述べると、古在委員は「被害地として買収せず、治水等の理由をつければどうか」と提案した。

また、この日の会合では、坂野委員が「要するに救済の責任は鉱業人にあるのか、政府にあるのか」と問うたのに対し、一木委員長が「既往の怠慢については何れにも不注意ありというほかなく、したがって何人にも責任なきものと思う」と答え、政府の責任も銅山の責任も問わない方針を示した。また買収費の負担について、井上委員から「国庫および地方で負担し、その一部を鉱業人に負担させる」という提案がなされた。

こうして谷中村周辺を遊水池とする方向で委員会の意見は固まり、*一木委員長が「治水を必要とすることに異論ありませんか」と尋ねたのに対し、委員は皆「異議なし」と応じた。

＊なお、谷中村周辺とあわせて、埼玉県の川辺・利島村を遊水池化するという案もあった。第二次鉱毒調査委員会が考えた遊水池の広さは三〇〇〇町歩（最終的な答申では二八〇〇町歩ないし三〇〇〇町歩）であり、谷中村と川辺・利島村を合わせた広さである。明治三五年四月から六月にかけて内務省と埼玉県・北埼玉郡役所の間で豊島・川辺両村の調査に関する公文書がやり取りされている。
こうした中、八月初旬に川辺・利島両村の陳情団が県議会事務局を訪ねたおり、川越出身の県会議員綾部惣兵衛が両村の遊水池化計画を知らせた。一〇月三日、両から一〇〇名ほどが集まり、利島村役場二階で緊急集会を開いた。ここでの協議の結果、一〇月一六日に利島・川辺合同村民大会を開催することとした。

一〇月一六日の村民大会は、
一、国が利根川堤の復旧工事をしないならば、村民の手で堤防を築く。

二、その代わり日本国民としての兵役・納税の二大義務を負わない。両村は日本政府と関係なく、独立村として自立する。

と決議した。

この決議を携えて、両村の有志が県内外の関係筋に請願を行った結果、内務・農商務両省と埼玉県は両村の遊水池化を断念し、同年末の埼玉県議会で木下周一知事が両村の遊水池化計画の中止を発表、両村の遊水池化は正式に中止となった〔石井一九七一〕〔山岸一九七六〕〔埼玉県一九八八〕〔板倉町一九七七〕。

第二次鉱毒調査委員会の結論の方向性は第九回と第一〇回の会合でほぼ定まった。このあと委員会は、年内に一二月二〇日と二三日の二回、年明けの明治三六年には一月一九日、二一日、二二日、二三日、二八日、二九日と六回の会合を開き、報告書作成のための作業を行った（なお、調査委員はそれぞれの担当項目について報告書を作成し、委員長に提出している。これらの報告書は今のところ公刊されていないが、国立公文書館に収蔵されており、同館のホームページで閲覧できる）。

第3節　答　申

明治三六年（一九〇三）三月三日付で、第二次鉱毒調査委員会は「足尾銅山に関する報告書」を内閣総理大臣桂太郎に提出した。この報告書は同年六月三日、帝国議会における井上甚太郎・大久保雅彦の質問と島田三郎の質問に対する政府答弁書の添付資料として公表された。

報告書はまず、足尾銅山の鉱毒被害と呼ばれているものには、銅山の有毒ガスが付近の森林を荒廃させることと、銅山の各所から流出する物質が渡良瀬川下流沿岸地方で害を及ぼすことの二種類があるとする。

有毒ガスによる煙害について、足尾付近の森林の状況は不良であると報告書はいう。煙突付近八〇余町歩の区域は植物を欠き、地表が裸出し、将来といえども植物が生育する見込みは少ない。製錬所から離れるに従って状況は良くなるとはいえ、煙害のため普通の林業を行えない区域は約一〇〇〇町歩、煙害の及ぶ範囲は総計約五〇〇〇町歩に達する。森林荒廃の原因は、①銅山における製錬作業から飛散する有毒ガスの作用、②鉱業の発達に伴い燃料その他用材の需要が増加し、濫伐を行ったことによるもの、③森林の管理が不十分で野火の災害が頻繁であったための三つである。対策としては、森林の必要な箇所に砂防工事を施し、樹種を選択し、必要な箇所は伐木を禁止し、野火を防ぐよう注意することなどである。

銅山からの物質が渡良瀬川下流沿岸地域で害を及ぼしていることについては、その被害地は栃木・群馬・埼玉・茨城の四県下、安蘇・足利・下都賀・山田・新田・邑楽・北埼玉・猿島の八郡にわたる。そのうち農作地は反別約一万七〇〇〇町歩に達する。被害の原因は、主に土壌中に比較的多量の銅分が存在すること、土地が卑湿にして頻繁に冠水することによる。この二つが影響する場所と、一つのみが影響する場所がある。また被害の程度にも厚薄がある。被害の激甚な場所は全く作物の栽培に適さないが、大部分は土地改良を適切に行えば作物の栽培に適するようになる。

住民の衛生状況は一般に不良である。その原因は土地の卑湿、飲料水の不良、生計の不振などのために栄養が不十分なことであり、そのため種々の疾病が地方病として蔓延している。それらが直接鉱毒に基因しているとは認めがたい。

農作地における銅分の由来は、渡良瀬河水の氾濫と、灌漑のため渡良瀬川の水を引用することによる。渡良瀬河水が銅分を含有していることは幾多の分析結果に徴して明らかであり、特に出水の際に不溶解性の銅分が多量に含まれる。溶解性の銅分はきわめて微量であり、作物に有害な影響を及ぼすほどではない。

銅分の根源について探求すると、渡良瀬川本流および支流の水源地の岩石や各支流の河水等においては銅分はきわめて微量なのに対し、渡良瀬川本流河床の土砂および足尾銅山付近の諸渓流の水に多量の銅分が含まれることから、銅分の根源は足尾銅山にあるといわざるを得ない。しかしながら、足尾銅山の現業から排出する水中の銅分は微少である。現在の銅分は、明治三〇年の予防工事命令の排出物が足尾銅山一帯の地域および渡良瀬河床に残留しているものが大部分を占め、足尾銅山の現業に基因するものは比較的小部分にすぎない。

銅山の除害設備は大体において可と認められるが、不完全と思われる点を指摘し、その修補を行わせ、さらに操作の監督を一層稠密にさせるべきである。

渡良瀬川沿岸には治水の業を起こす必要がある。渡良瀬川は、利根川との関係から、堤防の修築だ

16　現在の渡良瀬遊水地（下宮橋付近）

けでは氾濫を防止することができず、それゆえ流域中の適当な地に遊水池を造り、増水を一時蓄積させて、徐々に流下させるようにする必要がある。

灌漑《かんがい》水の除害に関しては、取入口を改良して水量を調節し、また洪水時には濁水の流入を防止する沈殿設備を各用水の元口および水田各区の水口に設置して、土砂を沈殿させてから本田に流下させるようにすべきである。

農事の改良としては、銅を含んでいる土壌を除却し、各地に適応する作物を選定し、耕耘法を改良し、石灰を施用させるべきある。以上の方法によって被害を救治するとともに、被害の程度に応じて農作地の地価を修正すべきと報告書は勧奨している。

以上が「足尾銅山に関する調査報告書」の概要である。

第二次鉱毒調査委員会は、この報告書と同時に、「鉱毒調査委員会被害民生業及衛生状況に関する意見書」も桂首相に提出した。この意見書は鉱毒被害地の善後処分について一般的見解を述べるほか、特に被害民をして永遠に独立経営の基を立たせる方法として、北海道に移住を希望する者を募り、移住に要する汽車・汽船の運賃割引等の便宜を与え、また資力の乏しい移住者には特別処分として費用を補助するなどの特典を与えることを勧め、さらにこうした特典を周知させて被害民に対し移住を奨励することを勧めるものであった。

第二次鉱毒調査委員会はこのあと五月一五日に「小阪鉱山に関する報告書」、一〇月二七日に「別子銅山に関する報告書」を提出して、一二月四日に勅令第二五八号をもって解散した。

第4節　田中正造の反対

田中は「谷中村の遊水池化」という解決策に反対であった。なぜなら、それが不公平な解決策だったからである。田中は、

渡良瀬川を藤岡町の北方に切り落とし、我々の頭上より鉱毒を浴びせようとするものである、鉱毒を注ごうとするものである。人道の没落甚だしい。一方に良く、一方に悪い。……この改修は足利、安蘇、旧梁田、邑楽の諸郡に利するものである。下都賀、北埼玉、猿島にも、同じように

流水を速やかにすべし。これを治水というのである。多大の村々を潰すは、村潰し、人殺しである。全く治水の義に適わぬものである。谷中を亡ぼすは、治水ではない、亡ぼすのである。人を殺せば、人殺しであろう。人を殺して、治水と言ってはいけない［明治四三年三月の日記］。

およそ甲県を利して乙県を害するのは不義である。甲郡を利して乙郡を害するのは不徳である。……政治は一視同仁である［明治四二年九月「渡良瀬川改修案反対の陳情書」］。

と、谷中村の遊水池化は「一方に良く、一方に悪い」案で、「人道の没落甚だしい」ものであり、そのような政策は不義・不徳である、治水ではなく「村潰し」「人殺し」である、政治は国民の間に差別をつけない「一視同仁」であるべきだと主張した。以前から田中は、鉱毒被害地人民も日本の他の場所と公平に扱われていないことに憤っていた。彼は明治三三年六月の日記に「被害地人民もまた同じ日本国民なので、等しく日本国民のお取り扱いを願いたい」と記している。

また、古来必要のなかった貯水池が、なぜ今急に必要になるのか、それも田中には解せなかった。

貯水池の必要性はどうであろうか。古来必要なきもの、いまにわかに必要になるという理がない［明治四〇年二月の書簡］。

谷中村を貯水池にするのは、足尾銅山の為にする、鉱毒問題の治水問題へのすり替えであろう。田

中は明治四一年三月の「旧谷中村復活請願書」で旧村民に、

私共が思いますのに、貯水池などとお役人のいうことは誰の為にもならず、ただ足尾銅山の為にばかり……それだから何卒こんなことは早くやめにして、また昔のように私共がこの村で安心して暮せるようにして頂きたいものであります［明治四一年三月「旧谷中村復活請願書」］。

と言わせている。

もしどうしても貯水池が必要であるというのなら、土地を奪うのでなく、借りればすむ話である。

谷中村というものをとって、これを貯水池として、洪水のときに水を入れて、ほかの村を助けるということが真実であるならば、偽りでないならば、なにゆえに土地の地籍を欲しがるか、地籍すなわち地面の登録を経て権利を欲しがる、なんで土地の権利が必要なのか。借用でもよかろう。また買い取った地面を、必要が無いときには元の持ち主に返してやるという証明を渡してよかろうと思う。ところが、それをせずに、むやみに地面の権利を登記所を経て取りたがる。たとえて言えば、コップを売れという。あなたは何のために買うのか、水を飲むためだ。水を飲むならコップを貸してあげましょう。借りたコップで水が飲めないということはない［明治三九年四月の新紀元社例会での演説「土地兼併の罪悪」］。

水をためる土地が必要ならば、土地を借りればよいのである。土地を奪う必要はない。水を飲むにはコップを借りて飲めばよいのと同じである。コップを奪う必要はない。所有権は憲法で保障された貴重な臣民の権利である。

先祖伝来の土地は、農民にとって、手放してはならない所有物である。農は商と異なる。農は、金はなくとも間に合うが、土地がなくては死ぬのである。

農は土なり、土は不動産なり。また土より生ずるものを食す。すなわち土を食う。土に生活する虫、すなわちミミズの如し。ミミズはまた土の汁を食う。ミミズに対し土を奪い、金を与えれば、死す。田地を金に代えるのが悪事である。……農は、金はなくとも間に合う。商とは異なる［明治四〇年一〇月の日記］。

なぜこの問題の「原犯」というべき足尾銅山を放置しているのか。古来必要のなかった貯水池が必要になるのは、足尾銅山が山林を荒らし、洪水（鉱毒を含んだ）が起きやすくなったためである。それなら足尾銅山の操業を停止するのが筋ではないか。

谷中を今日に至らしめ、ほか四五か村も同様の運命に陥れたその原因はいずれにあるか。言わずと知れたその災の原因者が、人民の財産を奪うに法律を逆用して村を潰し、人民を殺すのである
［明治四〇年一〇月の日記］。

足尾銅山の操業を停止して、被害地と被害民の生命を守るべきである。

渡良瀬川の水源を清めて数十万人民の生命を救え
沿岸無量の天産を復活して沿岸人民の生命を救え
国家の基礎たる数万町の被害と国民の生命を救え
破壊した河身を復し、天然の地勢に基づき自然に背かず、太古より居住する人民相続の危険を救え
破壊した我が日本憲法および多数の法律と亡滅した臣民の権利を復活して、人類の生命を救え
［明治三四年「多年解決せられずして鉱毒地方非命に陥り死人の増加せるをもってこれに対する請願の目的の草案」］

と田中は解決策の要点を記している。

しかし、政府は鉱毒被害の「原犯」である足尾銅山を放置し、それどころか経営者の古河市兵衛に叙勲の栄典を与えた。古河市兵衛は明治二五年七月に勲四等に叙せられ、瑞宝章を授与され、三三年五月には従五位に叙せられたのである。これは田中には言語道断であり、不公平の最たるものであった。

人を殺すもの従五位となる。国土を守る忠義は獄中にある。請願者を獄に下し、請願の事件は放棄し、加害者を跋扈せしめ、請願事項はそのまま放棄している。……憲法を守るものなし。本義、ヶ条、精神、今どこにあるか。明文に背かざれば足れりとするか［明治三四年二月の日記］。公明正大に事業を行うのが政府である。渡良瀬川に関する利根川の改修はすべて足尾鉱毒予防の事業である*［明治四四年五月の日記］。

＊なお古河市兵衛夫人の為子は明治三四年一一月、神田川に身を投げて自殺している。市兵衛の蓄妾問題に悩んでいたからとも、同月に神田基督教青年会館で開かれた鉱毒地救済婦人会の演説会に女中を聞きに行かせ、その報告にショックを受けたからともいわれている。

銅山の操業を停止せずに、かえって古来の村を潰し、先祖伝来そこに住む人びとを立ち退かせる。これは本末転倒であり、法律の逆用であり、憲法で保障された所有権の侵害である。田中は谷中村問題に専念するため谷中入りを決意し、明治三七年（一九〇四）七月から同村の川鍋岩五郎方に移り住む。

第七章　谷中村廃村

明治三七年一二月の栃木県会および帝国議会で谷中村の買収が決定され、翌年から三九年にかけて谷中村の買収が行われた。明治四〇年六月二九日、移転に応じなかった一九戸に対する強制収用（強制破壊）が執り行われた。

本章では、谷中村の買収と強制収用（強制破壊）の模様と（第1・2節）、それに対する人々の反応を見る。第3節では新聞の論調を紹介する。第4節では、これまで田中と行動を共にしながら、谷中村の廃村を機に田中のもとを去っていった人々の動きを見る。

第1節　谷中村の買収

明治三六年一月、栃木県は明治三五年度歳入歳出追加予算の「臨時土木費治水費堤防費修築費思川

流域の部」の費目に、谷中村買収費として三七万六六一〇円余を計上する案を第五回臨時県会に提出した。

谷中村は村制施行により明治二二年（一八八九）四月一日、恵下野村・内野村・下宮村の三か村が合併して成立した村である。渡良瀬川の北岸に位置し、西側の一部を除いて周りが堤防で囲まれた村であった。周辺には赤間沼、石川沼、板倉沼などが点在する低湿地帯で、堤内地一〇五八町歩のうち四四％の四六三町歩が原野・池沼という状態であり、しかも周辺の地域より一段低い洪水常襲地帯であった。

栃木県当局の認識では、谷中村付近は水害に襲われやすく、県財政に負担をかける「厄介村」であった。「明治三七年度事務実績調書（栃木県）」における下都賀郡長から県への事務報告によれば、この年五月の大雨で谷中村大字内野の赤麻沼にかかる堤防が決壊して全村に氾濫し、郡は谷中村に白米と籾種を支給したが、続いて七月、九月、一一月にも罹災したため、七月に谷中村・野木町・三鴨村に、九月には谷中村と三鴨村に、一一月にも谷中村に白米を支給している。

県当局は明治三六年一月の臨時県会に、谷中村を遊水池とする「臨時部土木費治水堤防費修築費思川流域ノ部」を含む「明治三五年度歳入歳出追加予算」を提案した。これに対して臨時県会は、間もなく政府の第二次鉱毒調査委員会の結論が出るので、それを待ってからという理由で否決した。

同年三月、第二次鉱毒調査委員会の答申が政府に提出され、六月に公表された。答申には先述のように谷中村の遊水池化という案が示されていた。白仁《しらに》武《たけし》栃木県知事は、明治三七年（一九〇七）八

月二〇日、「谷中民有地を買収して潴水池《ちょすいち》を設ける稟請」を芳川顕正《よしかわあきまさ》内務大臣に提出し、

下都賀郡南部一帯、特に谷中村は四面を水によって囲繞され、堤防は築いては崩れ築いては崩れ、田園は荒廃し、村民困憊の極みに陥るのみならず、将来もまたほとんど安全の道が無い。ここに一大潴水池を設けて水勢を緩和することは、単に本県南部の禍害を除却するのみならず、利根本川の流勢を緩和し、関係諸県の災厄を軽減する。この計画は大いに費用を要するが、連年の災害のため多くの費用を消尽し、県の費用だけで経営するのは到底不可能である。深く県民の休戚と国家の利害とをお考えいただき、国庫の費用で施行されるか、もしくは相当の補助を与えられて、すみやかに目的を達することができるよう切望する次第である。

と谷中村の絶望的状況を訴えたあと、谷中村を貯水池とすることの効能を説き、そのための谷中村買収に対する国庫補助を求めた（渡良瀬川は国の直轄河川でないため、遊水池予定地の買収は栃木県が担当し、国がそれに補助を出すことになっていた）。

同年一一月から開かれた栃木県会で、県は県会最終日の一二月一〇日に谷中村買収費を含む「明治三七年栃木県歳入歳出追加予算案」を上程した。関田嘉七議長が「都合により明治三七年栃木県歳入歳出追加予算書中歳出臨時部第三款の一読会を開きます」と告げると、鈴木信吉議員が「こういう

重大な問題を軽々しくわずかの短時間で審議することは、我々の最も恐れるところである」として、「我々に考慮の時間を与えるために、臨時会を召集されて提出されることを希望します」と臨時会の開催を建議した。これに大和尚一議員や鯉沼九八郎議員らが賛同したが、起立少数により臨時会開催の動議は否決された。*

＊この県会に先立って、買収工作が行われていたようである。手塚鼎一郎『栃木県政友会史』や荒畑寒村『谷中村滅亡史』によれば、当時県会議員ではないものの憲政本党内で相当の勢力を有していた大門恒作がひそかに白仁知事を官邸に訪問し、谷中村の買収はまず地元の下都賀郡で多数を占めている政友会派の議員を篭絡し、さらに県会の多数党である憲政本党の賛意を求めるべきである、ついては自分は幸い県会議員でないので、両派議員に接近してその手段を講ずべしと告げ、白仁知事は大門に事を託した。当時県会議員の間で花札が流行っており、政友派は県庁前の「鶴の里」で、憲本派は塙田町の甲辰倶楽部で毎晩のように花札に興じていた。大門は花札を介して政友派議員に接近し、ついで甲辰倶楽部で憲本派とも花札に興じた。白仁知事は特に大門に巡査部長後藤房之助を付随させて巡査等の動きを封じ、花札資金も提供したという。こうして大門は政友派および憲政本党派と谷中村買収案通過の密約を結んだ。また同じころ、安蘇郡の関口呉一郎は安生順四郎らと結んで、栃木県における憲政本党の首領であった横尾輝吉を説いて、同案可決の約束をさせたという［手塚一九三五］［荒畑一九九九］。

一読会（戦前の日本の議会はイギリス流の本会議中心主義の三読会制をとっていた）に入ると、鈴木議員は「堤防修築費はどういうような所へ支出することになっておりますか」と、予算案に明示されていない堤防修築費の具体的な使途を尋ねた。ここで県書記官の小田切磐太郎は「これから色々討議も行い、質問応答もたくさんあるだろうと思いますから、委員会を作れば都合が良いと思います」と委員会の設置を提案した。委員会は秘密会で、傍聴を禁じられ、議事録もとられないことになっていた。鈴木は県議全員を委員とする総委員制を建議した。起立多数により総委員制の委員会設置が可決された。

委員会は秘密会なので、議論の内容は分からない。委員会後の二読会で議長から、委員会で原案が一八対一一で可決されたことが報告された。

大久保源吾が修正動議を提出し、

谷中村を貯水池にしたとしても治水上安全ということはできない、また谷中村以外にも築堤に金のかかるところはたくさんあるのだから、谷中村だけを貯水池とするのは「不徳の事」である。

として、谷中村買収費用の四八万五三九八円九銭二厘を差し引いた額に修正を求めた。この修正動議に荻野万太郎、鯉沼九八郎、秋田啓三郎、船田三四郎が賛成した。賛成の主旨として、鯉沼はさらに十分な調査をすべきことを述べ、船田は、

土地を保護し、土地に付随する住民を保護するのが治水工事の目的であるのに、その治水の目的

であるところを人民をまるで滅亡させることは道理上なすべきでない。

と述べた。

しかし、採決の結果、この修正説は一八対一二で否決され、原案が起立多数で可決された。こうして谷中村の買収が決定された。

谷中村の運命を決めるこの栃木県会の模様を伝えた在京紙は「東洋一」の広い紙面を誇る『時事新報』だけである。『時事新報』は一二月一二日に宇都宮特電として「谷中村買収問題」と題する記事を掲載、県当局の要望で秘密会となったことなどを報じ、「要するにこれに関係を有する安蘇、足利、下都賀の三郡の議員は絶対に買収に反対し、極力否決に努め、前記三郡の議員を除くほかはすべて賛成を表した」と伝えた。地元紙の『下野新聞』は散逸して当該時期を欠いており、確認することができない。いつの日か発見されるのを待ちたい。

栃木県予算の成立を受けて、政府（桂太郎内閣）は災害土木補助費を盛り込んだ明治三七年度追加予算案を第二一議会に提出した。

衆議院では群馬県選出の武藤金吉議員が、

これは単に災害費、災害救助というようなものでないので、これは羊頭《ようとう》を掲げて狗肉《くにく》を売るところの案であって、災害費として谷中村を買収するというところの、けしからぬ案であります。
と費目の内実が災害費に名を借りた谷中村買収費であることを指摘し、また谷中村買収を決めた栃木県会について、
県会の最終日の、あと一時間しかないという時点で、全員を秘密会にして、この栃木県会でこの買収案を議決したのでございます。
と強調し、「このようなものは私は徹頭徹尾否認すべきものと思う」と結んだ。
ついで島田三郎が立って、
これは本文に栃木県水害補助費とあって、単に土木補助費用に見えておりますが、その性質はさようなものにあらずして、鉱毒事件の余沫でございます。
と費目の内実が「鉱毒事件の余沫」であることを指摘し、
谷中村一村のことと看過すべきでない。このようなことを是認する結果は、日本帝国いずれの場

所でもこのようなことが起こることになると思いますから、人権のため、ならびに歴史ある村民のため、この款項を延期することを求めます。

と問題の持つ波及的意義に注意を促し、この費目の延期を要求した（島田のこの発言には、後述する〈第八章第2節〉田中正造の人権論の影響が見られる）。

これらの反対演説に対して内務大臣芳川顕正は、谷中村を遊水池とすることは「渡良瀬川全体の治水の経営」から見た専門家の判断によるものであることを強調とした。また芳川内相は「地方議会の決議を神聖なものとして、これを重んじなければならぬ」と栃木県会の議決に従ったものであることを正当性の根拠とした。

その他の意見はなく、採決の結果、起立多数で原案通り可決された。こうして中央でも栃木県の谷中村買収が認められ、それに対する国庫補助が正式に決定された。

年が明けると栃木県当局は谷中村買収の準備に着手し、明治三八年（一九〇五）三月一七日、白仁武栃木県知事が告諭《こくゆ》を発し、

当庁は谷中村民の境遇に関し、既往に鑑み将来を察するに、現在の地域に居住することは、村民の生命の保護、財産の安固を全うする道ではないと考える。その安寧を保ち、福祉を進める方法

は、今回の貯水池設置を機として、適当の土地を選んで、居を移す以外にない。

と谷中村民に移住を勧め、

移転先については、任意の選択に属することではあるが、当庁は特に便宜をはかって国有林野を予約開墾の方法によって貸与し、開墾成功の上はその人の所有となるようにし、また現在の土地および物件は、補償の請求によって処置し、その他土地および物件を有しない者に対しては別に救済の方法を講じ、彼らに相当の財産を得させ、ともに安全な地域で永遠に幸福を享受するよう取り計らう。

と移転地や所有物件等の補償について格別の便宜をはかるとした。

なお、明治三六年四月五日に古河市兵衛は死去、足尾銅山は明治三八年三月に会社としての古河鉱業の経営となり、副社長に原敬が就任した。明治三八年四月二日の『原敬日記』には「古河鉱業会社昨日成立、余は副社長となり、潤吉社長となる。但し潤吉病気に付余は一切の事を代表処理する事となせり」とある。やがて原は西園寺公望内閣の内務大臣として、谷中村に土地収用法を適用することを認定することになる（のちに内閣総理大臣となった原を暗殺した中岡艮一《こんいち》は足尾町出身である。足尾銅山を守ることに尽力した原が、銅山の鉱夫の息子に殺されることになるのは、偶然とはいえ、歴史の皮肉である)。

一一月一六日、栃木県当局は「堤内所有物件の買上げを希望する者は、当役場へ書面をもって申し出ること」と告示を発し、これを機に買収を開始した。県による移住勧誘は積極的に行われ、谷中村民の古河町や藤岡町への移住、那須原野の開拓などの斡旋が行われた。谷中村民の中から移転を申し出る者も出始めた*。

＊谷中村の人々の主な移転先は、谷中村下宮地区の人々は現古河市や栃木県北部、内野地区の人々は現栃木市藤岡町や群馬県板倉町海老瀬、栃木県北部、恵毛野地区の人々は現栃木県野木町などであった［三柴一九七九］［渡良瀬遊水地アクリメーション振興財団二〇一二］。

買収に応じない村民に対しては、県当局は圧力を強め、明治三九年(一九〇六)四月に取り払い命令を発して堤塘上の家屋の取り払いを命じ、同時に「本月二五日までに実行すること。前項の期間内に実行しないときは、当庁自らこれを執行、または第三者をして執行せしめ、その費用を徴収する」と戒告書を発して、自発的に家屋を取り払わない場合は県が執行して費用を徴収すると告げた。

村民に対する個別の圧力もかけられた。いくつかの例を挙げると、たとえば村長管掌(谷中村では財政欠乏や村内対立から村長のなり手がなく、下都賀郡書記が村長の職務を管掌していた)から、「長く谷中村に残留するとすれば、金二千三百円余の村税を賦課して徴収するに至るであろう。もし村税を納めなければ、国税収納処分法により財産を差し押さえて取り立てる」と言われて承諾書を差し出したという例、あるいは巡査が、「すでに知事が急水留破壊の命令を発した以上、人民の費用で破壊するのである。この費用はお前たちから徴収されるのだ。そうなると、お前たちは立ち行かなくなる、早く観念して補償処分に応じた方がよいではないか」と言ったという例、あるいは村役場の官吏が、「麦まきをしてはいけない。蒔いても、樋門をふさいで水をためて麦畑に水を入れ、麦畑を水浸しにして、麦をとらせない。それより早く補償を受けて、立ち去るのがよろしい」と言ったという例、村民を警察署に召還して巡査や刑事の居並ぶ前で「買収に応ずるか、拘留に処されるか、どちらかを選べ」と脅迫したという例などが残されている。

明治三九年（一九〇六）五月一日、栃木県は、

町村制第四条により下都賀郡谷中村を廃し、その区域を同郡藤岡町に合併し、本年七月一日より施行す。

と告示を発した。こうして七月一日、谷中村は行政上消滅した。谷中村には、明治三八年（一九〇五）初めの時点で四五〇戸・約二七〇〇人の住民がいたが、明治三九年七月時点で一四〇世帯・一〇〇〇人近くに減少した（戸数および人口には諸説ある）。

17　田中正造（前列左から２人目の白髭の老人）と谷中村残留民（明治40年６月）〔佐野市郷土博物館蔵〕

明治四〇年（一九〇七）一月二六日、政府は栃木県を起業者として谷中村に貯水池を設置するため、「土地収用法により土地を収用することを得るものと認定す」という内閣総理大臣名の土地収用認定公告を出した。これにより残留民に対する立ち退き強制が可能になった（このときの内務大臣が前述のように原敬であった）。

これを受けて一月二九日に下都賀郡町・分署長・巡査らが残留民の各戸を訪問し、内閣の認定公告について説明して回った。明治四〇年初めの時点で谷中残留民は約七〇戸・四〇〇人に減少していた。

六月一二日、栃木県第一部長と第四部長が藤岡町役場に出張して、残留民に対し買収に応じるよう訓諭した。それとともに県は残留民に戒告書を発し、二三日までに土地および物件を引き渡しおよび移転をすること、しないときは強制執行すると戒告した。六月の時点で谷中残留民は堤内一六戸と堤外三戸の一一六人になっていた。

立ち退き期日である六月二三日、県は行う予定であった強制執行を延期し、二八日までに物件を移転せよと再戒告書を残留民に渡した。二三日には中山巳代蔵知事が藤岡町役場に赴き、県の要求に応じるよう残留民に説いたが、残留民は聞かず、二五日夜に集会して、

一、我らは谷中村民に対し土地収用法を適用し土地物件の買収強制執行を行うこと県庁の処置をあくまで不当残酷なものと信ず。

二、官吏が強暴な手段で臨まない限り、我々は断じて腕力に訴えて抵抗しないことを約束する。

と決議した。

第2節　強制収用

六月二九日、県の移転勧告に応じなかった堤内一六戸・堤外三戸（一一六人）に対する強制収用（強制破壊）が行われた。同日は佐山梅吉、小川長三郎、川嶋伊勢五郎宅の家屋破壊が行われた。午前八時、佐山梅吉宅で家屋の破壊が開始された。梅吉が妻子とともに家から動こうとしなかったため、

18　佐山梅吉の居宅（谷中村）〔佐野市郷土博物館蔵〕

田中正造と木下尚江が説得して家から連れ出して、住み慣れた家が壊されていくのを共に見守った。次いで小川長三郎と川嶋伊勢五郎の居宅破壊が、午後五時までかかって行われた。

二日目の六月三〇日は谷中村で最も古く、父祖伝来の茂呂松右衛門宅の破壊が行われた。同家は谷中村で最も古く、父祖伝来四八〇年、当代の建物は一二一年前の建築で、本家・納屋・物置の三棟からなる大家宅であった。午前八時から破壊が開始されたが、松右衛門は父祖伝来の位牌を持ち、前庭にむしろを敷いて座り、説諭に来た中津川秀太郎保安課長に同家の名誉ある歴史を語り、その家を去るのが忍びがたい情を語った。妻も声を上げて号泣し、孫も祖母の袖をつかんで泣いて愁嘆場となった。それを見た長男は悲憤のあまり裸になって、「たとえ殺すとも足一歩も谷中を去ることはできない、我が家は四百余年間ここに住み慣れたものである、たとえ法律であっても服すわけにいかない」、「おれを殺せ、県のやつら、こんなに大勢いやがって男一人殺せないのか」と怒号してやまず、中津川保安課長と植松第四部長らが説得するも、「法律で破壊するならば、そのサーベルはいらないはずだ、サーベルを持っているのは殺すつもりなのか、殺すなら殺せ」と絶叫した。田中正造と木下尚江が説得しても聞かず、仲間の残留民が「苦しいだろうが服従せよ、初めから泣かぬ、手向かわぬと約束したではないか」と取り押さえた。こうして茂呂宅は破壊された。

茂呂宅のあとは渡辺長輔宅が予定されていた。渡辺家には妻と長男・長女・次女のほかに、七一歳になる老母と四一歳の妹がいた。妹はかつて赤麻付近の農家に嫁いだが、姑の虐待により精神錯乱し、一一年前から長輔宅に戻っていたという。かねてから妹の行く末を案じ、立ち退きか残留かで思い惑っていた長輔であったが、いよいよ家屋取り壊しを前にして、地面に座り込み、「この家は妹と二人で働いて拵えたのだ、気違〔原文ママ〕いの妹をここで飼い殺しにするつもりでいたのだ」と傍らの竹を手にして地を叩き、「土地収用が何だ、家屋敷まで取った上に、家を壊すとは何だ、壊すなら俺を殺してから壊せ」と怒号号泣した。兄の悲嘆を見て、坊主頭の妹も半狂乱になり、顔色蒼白、部屋の中の器物やかい巻きなど手当たり次第に投げつけ始めた。老母は涙ながらに彼女に抱きついて、「私に力があれば、これを生かしておかないが、こう年をとっては殺すことさえできない、何という因果だろう」と嘆じた。木下は植松部長に向かい、このまま破壊を断行すれば狂死か自殺かである、同家の取り壊しは後まわしにしてはどうかと提案、植松部長もこれに応諾して後まわしとなった。

三日目の七月一日は島田熊吉宅の破壊が行われた。同家は覚悟していたものらしく、家を明け渡し、破壊に任せた。

　四日目の七月二日には島田政五郎宅と水野彦市宅の破壊が行われた。島田宅を破壊したあと、水野宅に向かった。水野宅では彦市が不在で、長女（二二歳）が留守居をしていた。長女は「父上がいないので、一指たりとも触れさせるわけにはいかない」と凛乎として動かなかった。長女は彦市の帰宅を待って家を引き渡したが、その毅然とした態度に、村人も新聞記者も驚嘆したという。

　五日目の七月三日は染宮与三郎宅、水野常三郎宅、間明田仙弥宅の破壊が行われた。間明田宅では、仙弥と妻が座敷を離れようとしなかった。彼らはかつての植松第四部長の言葉を逆手にとろうとしたのであった。かつて植松第四部長は移住しなければ放り出すと彼らに言った。強制破壊のこの日、彼らは、「いつぞや藤岡町役場で四部長さんの訓示に、雨が降っても槍が降っても、人間がいれば放り出しても破壊すると言われたが、人間を放り出すという法律があるならば、その法律にかかりましょう。これまで、あれも法律だ、これも法律だといって、今日の悲境に落とし入れられたのだ。最後の一つを免れても仕方がない」と言って動かなかった。県側は一時間以内に屋外に出るよう命じたが、それでも動かないので、夫妻を担ぎ出して、家屋を破壊した。

　六日目の七月四日は間明田粂次郎宅、竹沢釣蔵宅、竹沢勇吉宅、竹沢房蔵宅の破壊が行われた。

　七日目の五日は宮内勇次宅、渡辺長輔宅の破壊が行われた。この日、長輔は妹を他所に預けており、破壊は滞りなく行われた。

19　谷中村役場跡（谷中村旧跡）

20　谷中村共同墓地（谷中村旧跡，これら谷中村の一部を史跡として保存するため，現在の渡良瀬遊水池の北側部分は少しくびれてハート型になっている）

第3節　谷中村廃村をめぐる世論

本節では第二次鉱毒調査委員会と谷中村廃村をめぐる当時の主張新聞の論調を見る。

まず第二次鉱毒調査委員会の設置に対する論調から始める。『時事新報』は、鉱毒調査は全く学理の範囲内に属するものであって、その間に一点も素人の情実論を容れてはいけない、鉱毒事件は足尾銅山にとどまらず、国内にはさらに幾多の銅山があり、この問題の解決方法は将来に関係するところが甚だ大きいので、情実論に惑わされることなく、専門家による解決を期待すると述べている［一月一九日「鉱毒調査会に就て」］。

『東京日日新聞』は、鉱業のため放出する土砂や丹礬水その他の植物の生育を阻害する物質を漏出しないようにすることは必ずしも難しくない、また煙毒は波及するところに自ずから限りがあるので、近接する場所以外に被害を与えることはない、むしろ有益な事業の発達は国益を増進し、地方の人民を潤す、我々は鉱毒調査委員会の調査研究によって世人の誤謬を解き、当業者と国民に安心を与える処置をとられることを切望するものであると論じた［一月二九日社説「鉱毒調査会」］。

『万朝報』は、この種の会に多くを望むことはできないが、それでもしないよりはした方が良い、特に調査会が弥縫《びほう》会・ゴマカシ会・被害民鎮圧会・古河市兵衛擁護会とならぬように、委員の選定には、民間人士で才学識量あり、多年この問題を講究し、解決に尽瘁《じんすい》してきた者を選任することが肝心で、島田三郎・安部磯雄・田中正造などが適任であると思う、と述べている〔二月二一日社説「鉱毒調査会に対する希望」〕。

『毎日新聞』は、調査とは何を調査するのか問わざるを得ない、鉱毒の残害はすでに確定している、除害工事はほとんど無効である、この点に関してはもはや調査の必要は無い、直ちに実行すべきは毒煙・毒水と吐出する操業を停止する一事であると論じた〔一月二五日社説「足尾鉱毒処分（七）」〕〔二月七日社説「誠意なき調査の効力」〕〔二月二六日社説「調査に借口して急務を怠る勿れ」〕。

委員による調査については、たとえば『東京朝日新聞』は「各委員ともに本問題の解決を促すため緻密な調査を行い、遺漏ないことを期している」と報じ、『報知新聞』も「その手間数は実に驚くべきものだ」と評している。

こうした調査委員の精励ぶりに、かつては鉱毒調査委員会の設置に「今さら何を調査するというのだ」と批判的だった『毎日新聞』も社説で、

我々は調査委員の精査に一点の望みを託す。ある委員が、炎熱にさらされ、霖雨を冒し、熱心に調査に従事したことは、失望していた被害民すら、これを目撃してひそかに感謝するところなり〔一〇月一〇日社説〕。

と論じるに至っている。

ところで、こうした調査が進む過程で、新聞報道には、その後の委員会の議論と結論を先取りするような記事が現れるようになった。たとえば『東京朝日新聞』は、記者が実見したところとして、現在の沈殿池・濾過池は完全で、効果も奏していると報じている［四月一二日「鉱毒調査委員会の巡視（五）」］。また、被害激甚地のうち復旧の見込みがない地方は、その人民を他の地方に移住させる方策を定めるべきである、と被害民の移住を勧告している［四月一一日社説「鉱毒被害民移住策」］。『読売新聞』は、委員会の一致した意見として、たとえ鉱業を停止させても、鉱毒は深く地層に浸染し、渡良瀬川沿岸の田野は容易に耕作地となる見込みがないから、被害民をことごとく北海道に移転させる方針であると報じている［三月二二日「鉱毒調査会解決方針」］。

鉱毒調査委員会の答申が公表されると、『時事新報』は社説において、専門技術家の言を信用せよと説いて、調査委員会の報告を支持した［四月五日社説「専門技術家を優待すべし」］。『東京日日新聞』は、答申は世人の多年の疑惑を解くものが多かったと評価したうえで、治水工事が着手されなければ調査員会の苦労は徒労に終わるから、治水工事を必ず行うようと政府に要望した［六月九日社説「鉱毒調査会の報告書を読む」］。『報知新聞』は、渡良瀬川沿岸の鉱毒被害は浸水と冠水によってもたらされるものであり、また明治三〇年の予防工事が相当の効力を収めつつあることは委員会の報告書に徴して明らかである。したがって、遊水池設置のほかに妙策はないのであるから、以下の注意を諸方面に促したい。①被害地人民は軽挙妄動《けいきょもうどう》を慎み、過大の要求を避けて、常識に考え、事の成功に努めるべきである。②栃木県会は国民の協力を仰ぎ、政府とともに治水策の実行をはかり、永遠に禍根を断つことに努力すべきである。③政府は国費を支出し、地方費を補助して治水策の実行に努めるべきである。④鉱業主は治水策の実行に際し、金円を寄付して治水策を助けるべきである、このようにして初めて鉱毒問題は解決されるであろうと論じている［六月六日〜一三日社説「鉱毒調査の成績（一）〜（六）」］。

『読売新聞』は、鉱業地付近で有害物質が出現するのは、あたかも影法師と実体のようなもので避け難い。被害を救済するために鉱業そのものを荒廃させ、天然資源を滅ぼすいわれはない。禍根を絶対的に廃絶することは不可能であることを認め、国家の長計から打算して、その軽重を比較して、一部の苦痛は永久に伴うものであることを知るべきであると論じる［七月二三日社説「鉱毒問題解決の一方法」］。

『東京朝日新聞』は報告書の内容を詳しく紹介したが［六月五日〜一〇日］、論評は行っていない。

『毎日新聞』は全六回にわたり社説を連載したが、その内容は答申の紹介であった。答申が鉱業停止を提案していないことへの言及はなく、また遊水池設置案の是非も論じていない［六月一二日から全六回社説「鉱毒問題は国家の大問題なり」］。

以上のように、鉱毒問題調査委員会委員の精励ぶりについていずれの新聞も好意的に伝え、彼らの学術的な調査結果に期待を寄せた。被害地の復旧が困難であるとの見通しが伝えられると、被害民に北海道への移住を勧めるに至っている。また第二次鉱毒調査委員会の答申に対しては、その内容を信頼し、答申書が提言する渡良瀬川の治水策を確実にするよう政府に求めている。第二次鉱毒調査委員会の答申に反対する新聞は皆無であった。

次に谷中村廃村に関する新聞の論調を見る。

谷中村の買収と移住勧告が進められていた明治三六年から三九年にかけて、足尾鉱毒問題と谷中村の運命を報じる在京紙はほとんどなかった。この時期に足尾鉱毒問題を報じる新聞がなかった理由の一つとして、明治三七年二月に日露戦争が勃発したことが挙げられる。紙面の大半は戦争関係の記事で占められた。第二の理由として、人々の足尾鉱毒問題に対する関心が薄れたことがある。第二次鉱毒調査委員会の答申により、足尾鉱毒問題は解決されたと見なされたのである。

とはいえ、谷中村の強制収用の模様は各紙によって大々的に報じられた。センセーショナルな出来事で、読者の関心を引くものと思われたのであろう。以下、各紙の論調に焦点を絞って紹介する。

『東京朝日新聞』は、県と残留民の双方のバランスをとることに配慮していたが、どちらかという県側に好意的であった。ある記事では、村民は強制処分が明日に迫っているにもかかわらず、本日もどこ吹く風といった様子で、自己の頭に降りかかる難事とも思わない無頓着さに驚くばかりであると、残留民の様子をシニカルに描き、別の記事では谷中村の強制収用は「法律の結果余儀なき事」とし、谷中村民はインドの民と同様に自然の恩恵に浴することが多いため遊惰放縦であると論じている。また彼ら村民をして強情にし、横着にしたのは田中翁と社会党の人々に対する義理によるものであると、田中正造らを批判している。バランスの取り方はせいぜい村民を「可憐な」「可哀想な」と形容することに示されるくらいで、彼らの言い分に理解や共感を示すことはなかった［六月二四日「谷中村騒動」］［二九日「昨日の谷中村」「谷中村だより」］［七月一〇日「谷中村の名残」］。

『時事新報』は、国法を遵奉することは国民の義務であり、自ら進んでその執行を助ける心掛けがなければならないと論じている［六月三〇日社説「国法を尊重す可し」］。

『万朝報』は、

地方官憲がその職権により村民の家屋を破壊するのはもとより止むを得ないことではあるが、村民が住み慣れた年来の住居を奪われるまでその地に固執するのもまた人情のやみがたきによるものである。

と県側と村民側の双方に理解を示し、また、

田中正造氏の言行は往々奇矯に失するところはあるが、氏の誠実と熱心とは何人も疑わないところであって、過去における氏の行動は、明らかに氏が熱誠の人であることを証明している［六月

三〇日社説「聖代の一恨事」」。

と田中にも一定の理解を示している。他方、

谷中村を挙げて貯水池となすべき必要があるか否かは、すでに県当局が決定した問題なので、今これを論じても仕方がない。

と谷中村の遊水池化は既定事実であるから、今さらその理非を論じても仕方がないともいう。そのうえで、

理非の点についてては諸説紛々であるが、強制執行が着手されて、いよいよ家屋破壊が実現されると、たちまち惨憺たる光景が生じ、いやしくも感情を有する者は悉く事実の悲惨凄惨たることを認めざるを得ない［七月三日社説「悲劇の善後如何」］。

と残留民に同情している。『万朝報』は「三面新聞」の伝統を持ち、政治家や富豪のスキャンダルを暴くなど日本におけるイエロー・ペーパーの先駆けといわれ、反権力的なスタンスで人気を博してきた新聞である。その個性がここでも発揮され、残留民の境遇に深い同情を寄せている。しかし、それ

はあくまで同情であって、残留民に対する支持や共感ではなかった。
『東京二六新聞』も三面新聞の伝統を持つ『二六新報』が改題したものである。

勇敢にして善く戦い、権勢に抗し、邪政に敵した一七戸一六名の農民は、法律の武力で強制的に家屋を破壊され、居所を奪われた。私は当日の光景を忠実にここに記して、永く子孫に明治政府の野望を知らしめないわけにはいかない［六月三〇日「最後の谷中村」］。

と残留民に同情的で、政府に批判的である。他方、

谷中村が土崩瓦解し、今日の惨状を呈した真因は、谷中村民に自治の精神なく、いたずらに天与の沃土を擁して怠惰放逸を事とし、たまたま豊作の年には父子相携えて花街に長逗留《とうりゅう》し、洪水で堤防が破壊して不作となれば、慈善家の義援金や県庁の救助米に舌鼓《したつづみ》を打つ［七月一四日「谷中村雑記」］。

と谷中村民を厳しく批判してもいる。
『報知新聞』は、この問題は世間で騒ぐほどの重大な意義を有するものでなく、村民の二、三の者が鉱毒事件に失敗した行き掛かりから自暴自棄的な態度に出たものに過ぎないとしている［六月二四

日夕刊「谷中村々民立退事件の真相」。

『東京日日新聞』は、

知事の連日の訓諭に対して、教育なく礼儀をわきまえない野人の常とはいえ、知事の面前で欠伸《あくび》をし、胡座《あぐら》を組んで……一県の高官知事が彼らに黙殺されている［六月二六日「谷中村騒動」］。

と谷中村民の態度を批判する。『東京日日新聞』の記事はいずれも簡潔で、しかも残留民に批判的であった。

『読売新聞』は記事の本数も分量も少なく、社説や論説は一本もない。

『東京毎日新聞』は足尾鉱毒問題と谷中村問題への関心を持ち続けていた新聞であったが、谷中村強制収用に対する姿勢はきわめて消極的であった。たしかに強制破壊に先立って特派員を派遣し、「谷中惨状視察記」と題する特集を三回にわたって連載している。しかし、それは強制破壊を目前にした村の模様の報告であり、特段の主張やメッセージが含まれているものでない。

社説としては七月八日に「谷中問題の真相」を掲載している。同社説は、

谷中村を遊水池とするのは姑息《こそく》の解決策に過ぎない。根本的に出水の害を除こうとすれば、渡良瀬川の浚渫を行い、河道を改修すべきである。

と谷中村廃村の不当を鳴らしつつ、結論は、

谷中問題は決して終了したわけでない。政治問題として、社会問題として、人道問題として、事実は厳として関頭《かんとう》にあり。我々は制度以外、法律以外のより高い意義においての根本的解決をさらに江湖《こうこ》仁人義士の努力に待ちたい。

というもので、問題の解決を「江湖仁人義士の努力に待つ」としている。それは、山本武利［一九八六］の指摘するように、自らこの問題を積極的に解決しようとする姿勢がないことを示すものであった。

地元紙の『下野新聞』は、これまで谷中村は水害地として毎年少なからざる県費を支出し、破壊堤塘の修理を行い、もしくは新たに土工を起こして水害が起こらないようにしても、その努力が全く無効となる村であった、これまで県民が谷中村のために巨額の経費を負担してきて、しかもその効果がない以上、とるべき途はただ一つ、谷中村を買収して貯水池とすることであり、住民には賠償金を交付し、また特別の便宜をはかって他所に移住させるべきである、谷中村の買収は法に従って断行されたものであって、村民が立ち退きを拒否するのは「頑迷不霊」にして官権の命に抗するものであると論じる［六月二一日社説「谷中の強制立退」］。谷中村の買収が治水の観点からのみ論じられており、足尾銅山鉱毒への言及はない。また、

ああ谷中村、汝は名実ともに永久に栃木県下から削除され、再びその名を呼び、その名を筆にすることはないであろう、感慨無量、記して後日の記念とする［六月二三日社説「噫、我が谷中村」］。

と表現は大袈裟だが、残留民に対する同情や共感は見られない。むしろ、

村民がなお悟らず、頑として立ち退きを拒否するのであれば、残留民は国家の法律命令に従わない不従順の民というそしりを免れないだろう。我々はくれぐれも残留村民が意を翻して、従順に立ち退きに着手することを望む［六月二七日社説「谷中の処分や如何」］。

と説いている。田中正造については、

田中の言動は「喧噪を極め」「悪罵をほしいまま」にするもので、強制破壊の進捗《しんちょく》を妨げる「奇劇」である。良識のある村民はすでに田中を捨てて顧みず、田中が借金を申し込むも、断られている。谷中村を今日の悲境に陥れたのは、谷中村の復活が必ず実現するなどと唱えた人物にほかならない。田中や社会主義者たちは残留民から土地を買収しており、その土地の価格をつり上げ

るために抵抗している。

と報じている。他方、県当局の行動はきわめて親切で穏当なものとして描かれ、

県庁の措置が頗る親切で、かつ工事もあくまで丁寧なだけでなく、仮に雨露をしのぐ小屋掛けをするにも最も適当な近接の場所を示し、また各自が保管運搬すべき荷物すら県庁の馬車で運んであげた［七月三日「残留民後悔す」］。

自分の品物を片付けるよりも数層倍の丁寧さで家屋を取り崩したため、ありがとうございましたと謝礼の挨拶をする家さえあった。名義は破壊であるが、実態は取り壊しというのが適当である［七月四日「五日目の谷中破壊」］。

と報じられている。この時期の『下野新聞』は、田中のライバルであった木村半兵衛（木村は衆議院議員選挙で田中に負け続け、田中の議員辞職後の明治三五年に衆議院議員に初当選した）派の影山禎太郎が社長を務めていた［下野新聞百年史］。田中は明治三八年七月の三宅雪嶺宛ての書簡で「下野新聞の記事は皆うそでありまする」と述べている。

そして、地元紙である『下野新聞』の論調は、また谷中村問題をめぐる重大な問題を反映するものであった。次節で見るように、被害地の人々は、谷中村を犠牲にすることで自分たちが救われること

に期待した。地元紙である『下野新聞』は、そのような地元民の動向に無関係でいられなかった。

以上、谷中村廃村をめぐる各紙の論調をまとめると、残留民に全面的に批判的であったのが『東京日日新聞』『報知新聞』『下野新聞』の三紙、どちらかといえば批判的であったのが『時事新報』『東京朝日新聞』の二紙、残留民に同情的であるが支持や共感を示しているわけでなかったのが『万朝報』であり、逆に残留民に同情はしないが、彼らと意見が同じというのが『東京二六新聞』であった。『読売新聞』と『東京毎日新聞』は残留民の主張に共感ないし支持を寄せていた節が見られるが、それを前面に押し出すことはせず、むしろ自身の態度を曖昧にしていた。残留民を積極的に支持し、彼らのために世論を盛り上げていこうとする新聞は皆無であった。

第4節　人々の去就

新聞がいわば外部からの論評であったとすれば、当事者の被害民たちはこの時期どうであったか。彼らもまた第二次鉱毒調査委員会の答申を契機として鉱毒反対運動から離れていったのである。すでに川俣事件の頃から、離散の傾向は見られた。まず多数の農民が逮捕され、運動指導者を失ったことが大きかった。それにより運動は停滞した。

また逮捕されなかった者の間でも、被害地では逮捕への恐怖から運動から遠ざかる者が現れるようになった。被害民の永島与八によれば、川俣事件で五一名が収監されたあとの被害地では、「今後鉱毒運動を為す者は誰彼の用捨なく片っ端から縛り上げてしまうという噂が立った」という［永島一九七一］。

川俣事件後、邑楽郡長が替わり、新任の郡長は県警察部の出身で、川俣事件の担当者であった。郡長交替後、諸種の請願書は郡長のもとで次々と却下され、政府に進達される請願件数は激減した。* また館林警察署長も交替した。新任署長は、「法令の威光が地を掃《はら》っている今日、説諭のごときはかえって悪弊を増長するので、今後は相当の手段で臨むように」と訓示し、強硬な姿勢で被害地に臨むことを示した［群馬県一九九一］。

＊『板倉町史』の「請願・陳情等編年表」によれば、明治三〇年の請願・陳情数が四八、三一年が三三、三二年が三一であったものが、三三年には一四、三四年は九と、明治三三年の川俣事件を契機として激減し、また三五年は一〇、三六年が六、三七年は〇、三九年は一と、明治三六年の第二次鉱毒調査委員会の答申の発表を契機としてさらに減少している［板倉町一九七七］。

被害民が萎縮する様子に、田中は、

被害地の馬鹿は自家の権利を縮めることにのみ汲々とし、他方、国家の奸賊は山林を盗み、天産を荒らし、生命を奪い、なおかつ人を罪人にする。そして、これを悟らず、悔いず、被害地の至愚はますます退縮卑劣となって、請願の上京を怖れ、また上京を悔い、巡査に威嚇された親戚の談話を信じて、堂々たる人々も自家に閉塞蟄伏して、次のように言う、権利など危険である、権利を主張すればかえって獄に投ぜられる、これからはますます権利を放棄するのが良案である。嗚呼、これらの愚、嗚呼、これらの馬鹿につける良薬はない［明治三四年四月の書簡］。

と苛立ち、運動継続を訴えたが、田中が嘆き訴えざるを得ないような状況が被害地に生じていたのである。*

＊こうした状況の中、明治三五年二月に鉱毒被害地の女性一七名が、警察の威圧にもかかわらず入京を果たしたことは注目される。五〇歳代の女性が多かったという。萩原進［一九七二］は運動の担い手の変遷を次のように整理している。はじめは戸主が中心であったが、家業を投げ出しての運動が困難となり、ついで青年層が主体となった。しかし川俣事件で打撃を受け、母親層が担い手になった。

また、事件そのものの中にも運動停滞の原因は内在していた。押出しに参加した被害民の一人は次のように内情を回想している。

そもそも自分は動員されて押出しに参加しており、途中の知り合いの家でお茶でも飲んで後ろに下がろうと思っていたところ、お茶を飲んで外へ出ると、幹部が若い者を先に立たせるよう指示したため、自分が逮捕されてしまった。ほかにも自分と同じように動員されて人の後についていったら逮捕されてしまった者がいる［館林市立図書館編『館林双書』第四巻］。

押出しの参加者は三〇〇〇名とも五〇〇〇名ともいわれるが、皆が必ずしも自発的・自覚的に運動に参加していたわけではなかったのである。そのような人々には押出しに参加したことへの後悔だけが残り、運動から遠ざかっていった。

運動参加者と田中の相違も見えてきていた。押出しに参加した被害民の目標は「河身大回復、衛生保護、免税継続」の三点であり、事件後の公判でも検事から「請願は鉱業停止を要求するものではないのか」と問われると、「否、敢えて望まず。ただ鉱毒が流出しないような設備を願うのみである」と答えている。被害民たちは必ずしも田中が解決策と考える鉱業停止を要求していたわけではなかった[*]。

＊これまでの押出しの目標を見てみると、明治三〇年三月の第一回・第二回の押出しでは、目標は「足尾銅山鉱業停止請願を貫徹するため上京す」（室田忠七日誌）であったが、明治三一年九月の第三回押出しで目標は「堤防増築・救助窮済・自治破壊、三件に付き大運動することに決したり」（室田日誌）と鉱業停止請願は見られなくなり、明治三三年の二月の第四回押出しでは、前年九月に決められた請願事項は「河身大改復実行」「衛生保護の件、免税継年期願」の三つで、渡良瀬川河身改修が目標となっていた［渡良瀬遊水地成立史編纂委員会編二〇〇六］。

第二次鉱毒調査委員会の答申が出ると、田中と被害民の亀裂、運動の解体は決定的になった。野口春蔵は界村の助役として厚い信任を得、鉱毒反対運動の全期間を通じて戦闘的なリーダーとして知られる。川俣事件でも勇名を馳せた。川俣事件につながる大挙上京請願を決めた会議でも、田中は渡良瀬川の東の都督に野口を指名するなど、田中の信頼も厚かった（西の都督は大出喜平）。その野口は谷中村の遊水池化について、

谷中村一村がつぶれることにより、他の村々が救われるのだから、やむを得ないだろう。谷中村民は、川俣事件の時もたいして熱もなく、上中流の被害民が体を張って闘ってきたのに、何もしなかったではないか。今頃になって何を言う。

と述べている。渡良瀬川改修工事によって作られた新川の開通式の日、野口は新川の水際を「万歳、万歳！」と双手を挙げて踊り歩き、竣工祝賀会では「誠に欣喜の至りに耐えず」と演説した。

大出喜平も初期からの運動家で、第四回押出しで田中から西の都督に指名されたが、谷中村遊水池化の反対運動には加わらなかった。

永島与八は群馬県における鉱毒反対運動の主要なメンバーであったが、谷中村の遊水池化について、

沿岸被害民としては、長く洪水と鉱毒のために苦しめられた挙げ句であるから、この計画が実行

されることを熱望した。田中翁は一人この計画に反対を唱えてやまなかった。そのため、昨日まで生命の親として信頼してきた沿岸被害民も、今日は田中翁に背くようになった。……田中翁は孤城落日寂寞無聊の感をなして、ついに長年愛撫してきた沿岸被害民から疎んじられてしまった［永島一九七二］。

と述べている。[*] 彼は川俣事件での在獄中に聖書に触れ、明治三七年に渡米してキリスト教活動に従事するようになった。

＊木下尚江も「渡良瀬改修案が一たび出ると、鉱毒地一帯の人々は目前利害の関係上、ついに多年の首領田中正造から離れなければならぬことになった」と述べている［木下一九七一（田中正造翁）］。後述のように島田三郎も同様の陳述をしている。

左部彦次郎は初期から田中に最も近く、運動組織者としても有能で、田中の片腕ともいうべき人物であった。田村紀雄『鉱毒農民物語』によると、左部は慶応三年一〇月に東京の木挽町に生まれ、一二歳のときに遠縁の群馬県利根郡池田村奈良の左部家の養子となった。その後、東京に遊学し、東京専門学校を卒業した。明治二四年の田中の鉱毒質問に感銘を受け、同年二月の第二回総選挙の際に田中応援のため栃木県第三区を遊説し、鉱毒被害民の知己を得た。同年春、左部は群馬県邑楽郡に入り、被害の実態調査を開始した。左部の奔走で、邑楽郡の海老瀬村・渡瀬村・大島村・西谷田村の四か村は群馬県で初めて鉱業停止請願書を政府に提出する。のちに四か村長は連名で左部に感謝状を送っている。左部は背が高く、端整な顔立ちにひげを蓄え、農民とは異質な、見るからに都会的な物腰をしており、演説や文章がうまく、特に法律に明るいことで、その方面の知識を求めていた農民の信頼を得たという［田村一九七五］。

その後も一貫して鉱毒反対運動の先頭に立って活躍してきたが、明治三八年一〇月、左部は田中の最も忌み嫌う栃木県土木吏になった。左部の娘の大場美夜子の回想によると、

館林へ戻る道道で働いている年寄りたちは、父の姿を見つけると、みな寄ってきて立ち話となった。それらの人たちは異口同音に、おかげさまでこうして働くことができますと父に頭を下げた。私は自分が英雄になったように嬉しかった。

という一方で、「晩年の父は神奈川県平塚の一借家に、小官吏として薄給に甘んじ五十九才で生涯を閉じている。父の不遇な生涯を省みると私は母と同様胸が痛んでならぬ」とも述べている［大場一九六九］*。

*左部の転向については［布川一九七六］［五十嵐一九八〇］を参照のこと。

蓼沼丈吉《たてぬま》は、田中の議員辞職に伴い公認候補として田中の応援を得て衆議院議員選挙に当選した人

であったが、明治三五年三月に『足尾銅山鉱毒被害救済私見』を刊行して、鉱業停止論から立場を変えて、田中と袂を分かった。

武藤金吉は、明治三七年（一九〇四）三月の衆議院議員選挙に群馬県から出馬し、田中らの推薦を得て当選した人物である。武藤は明治三七年一二月の第二一議会で谷中村買収費に対する反対演説を行い（先述）、翌年の第二二議会でも「谷中村不法買収に関する質問書」を提出、次の第二三議会でも「明治三七年度土木費――内務省の追加予算案、災害土木費二一万円支出の件」で質問演説を行った。

しかし、明治四〇年三月二六日の議会演説を最後に、武藤の谷中村廃村の反対演説は下火になる。谷中村の強制収用を目前に控えたこの時期、武藤の地元では渡良瀬川河身改修工事を促進させる運動が展開されていた。この渡良瀬川改修工事促進運動には、かつて鉱毒反対運動の闘士であった野口春蔵、大出喜平、山本栄四郎、松本英一ら、錚々たるメンバーが参加していた。こうした中、武藤は政友会に入党する。群馬県下のかつての田中の同志の多くも政友会支持に転向したという。武藤は彼らを支持基盤に、連続当選を果たしていく。

『山田郡誌』は武藤のことを、

明治三七年、稀代の国士義人田中正造翁の意を受けて、鉱毒問題解決の重責を負い、選ばれて衆議院議員となる。以来、この問題の解決に苦闘し、ついにその使命を全うし、さらに渡良瀬川治水問題の解決に心血を注ぎ、今や水害の一大危機より脱し、耕地化して美田となり、沿岸住民を今日の安全な境遇に至らしめたのは、実に氏の努力によるものなり。

と紹介している。多くの人々にとって、渡良瀬川治水問題の解決によって、すなわち谷中村を遊水池とするによって、足尾銅山鉱毒事件は解決となったのであった（武藤については［長瀬一九七七・一九七九］を参照のこと）。

島田三郎は『毎日新聞』社長として、また帝国議会衆議院議員として、鉱毒被害地の動向を被害民に同情的な立場で伝え続け、また田中の議員辞職後、田中に代わって議会で政府と銅山の責任を追及し続けた。その島田は、田中と鉱毒被害民の違いについて、

田中翁の精神と群衆の目的の間に、大きな差異が初めから存在した。田中翁は民政問題、国家問題として、禍根を取り除き、それによって全てを救済することを欲した。民衆は、各個もしくは各郡県として、各自を救うことを欲して、他の利害を顧みる者は甚だ少数であった。東部は西部の患を思わず、上流は下流の害を顧みなかった。甚だしきに至っては、一部の損害を補償されて、余利があれば自分の身と家のために使おうとして、全体の救済に反対の態度をとる者さえ出た。……田中翁は事ごとに失敗したが、死に至るまでその人格は進歩した。これが田中翁の偉大なと

ころである［島田一九八九ａ］。

と述べているが、至当な評価だと思う。

その島田と田中の関係について、黒澤酉蔵が次のようなエピソードを伝えている。

田中先生と特に仲が良かったのは島田三郎さんで、二人は兄弟以上の仲の良さでした。この親友の二人が、ある日、青年会館で演説が終わってから、控え室でとっくみあいの喧嘩をせんばかりに議論をしたことがあるのです。その内容はやはり足尾銅山をどうするかということで、島田三郎さんは、足尾銅山を即刻停止すべきだとの論を批判しました。「田中君、君は極端すぎるよ。やっぱり、日本は国防をやらなければならぬし、軍備も拡張しなければならぬ。金もいるんだ。だからして、若干、農民もがまんしなければならないじゃないか。その川に毒の流れぬように予防を厳重にやらせようじゃないか」。

鉱業と農業を両立させること、これが島田の考える足尾鉱毒問題の解決策であった。

島田は、田中の死後、田中を顕彰して、

鉱毒は年を追って減退し、毒水の流出はやんだ。良質の泥土が渓間から送られ、年を経て層をなし、これにより地質は一変した。かつては凝結し亀裂を生じていた灰質の荒野は、今は桑園が繁り、麦が生育している。かつては生物が絶えて死河となった渡良瀬川は、今は魚族が溌刺《はつらつ》と水中に踊っている。しかし、田中の功績はこれにとどまらない。鉱毒反対の声が天下を驚倒したため、全国の鉱業者は恐れおののいた。工事を粗忽《そこつ》にして、強烈な反対に遭うよりは、初めから完全な設備を施して、自他の損害を招かないようにする方が良いと、工学家も覚醒し、有司も啓発され、社会も確認した。以後、各地の鉱業で足尾のような鉱毒問題を聞かないのは、前車の覆轍《ふくてつ》に鑑みた結果ではないか。これを予期以上の成功と評することは、決して牽強《けんきょう》の説であるまい［島田一九八九b］。

と記している。

明治四〇年（一九〇七）三月二三日、島田は第二五議会で「谷中村枉法破壊に関する質問」を行った。これは田中が草した「谷中村土地収用の壊乱国法無視に対する質問書」を下敷きにしたものである。その質問演説の中で、島田は「このような問題はその地方に関係する方に譲って、私は口を開きたくない希望でありました」と述べている。友誼上、田中が作成した質問書を議会で取り上げるが、「私は口を開きたくない」というのが本音だったのではあるまいか。これ以降、島田は足尾鉱毒問題から手を引く［高橋一九八八］。

川俣裁判で被害民側の弁護人を務め、被害民の立場に立って足尾鉱毒問題に尽力してきた弁護士の

花井卓蔵も、田中の死後に田中を追悼して、

以前は鉱毒に荒らされていた地も、田中君の奔走により、遂にその効が現れて、除害工事となり、渡良瀬沿岸一帯の被害はほとんど復旧し、かつては稲も実らず、桑もできず、草さえ生えなかった土地が、今は青々と草木が繁り、稲も実るようになった。これはひとえに田中君の功であると言わねばならぬ。

と賛辞を送っている。

田中以外の人にとって、足尾鉱毒問題は谷中村を遊水池化することで解決し、しかもその解決は多くの被害地を救った美挙と捉えられたのであった。田村紀雄が言うように、農民のもつ「自分の田畑が」というエゴイズムが十数年のたたかいを支えてきたが、またこの「自分の田畑さえ」というエゴイズムこそ広範であった運動を急速にしぼませる土壌ともなったのである［田村一九七七***］。

＊鉱毒被害民の室田忠七の日記に見られるように［足利市一九七七］、被害民は田中に学んで立派な権利意識を持ち、それを糧に鉱毒運動を闘ってきたが、問題の焦点が谷中村に転じられると、その権利意識は谷中の人々のためには向けられないのであった。

二号

停止　権利の大意

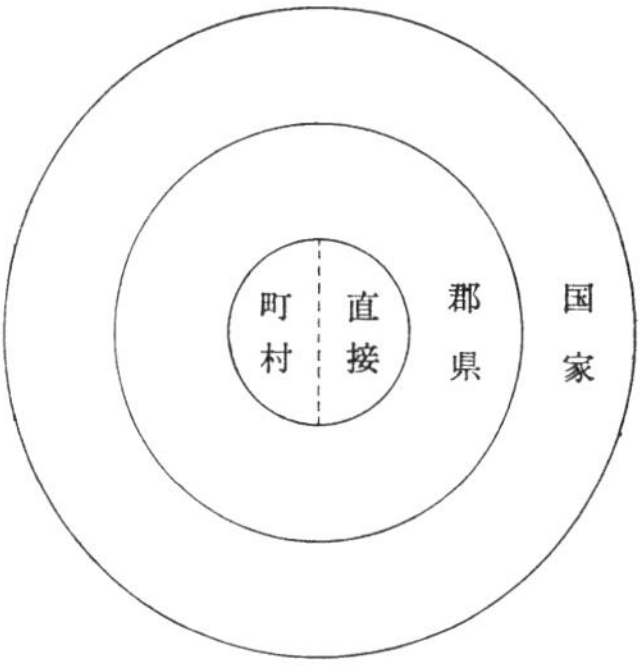

直接被害地ノ人民其被害ノ種目ヲ列挙シテ其筋ヱ請願其他ノ全権アリ

被害地ノ自治町村吏員幷町村会ノ責任

被害地方ノ府県会及ビ官吏即チ知事郡長ノ職責及其郡県民帝国議会ノ責任

中央行政当局者

意大ノ利権

町村
直接

—直接被害地ノ人民、其ノ被害ノ種目ヲ列挙シテ其ノ筋ヱ請願其他ノ権アリ
—被害地ノ自治町村吏員、町村会ノ責任
—被害地方ノ府県会及ヒ官吏即チ知事・郡長ノ職責及其郡ノ県民
—帝国議会ノ責任

中央行政当局者

21　被害民が田中正造から権利意識を学んだ例（左が室田忠七筆の「権利の大意」，右が田中正造筆の「権利の大意」，「室田日記」および『田中正造全集』第２巻より）

＊＊布川了は運動解体の要因・事情を①鉱毒による生活の困窮、②川俣事件以来続く官憲の弾圧、③被害激甚地の上・中流から下流への移動、④明治三五年九月の大洪水で鉱毒に侵されていない土砂が渡良瀬川中流沿岸に堆積して農作物を豊作にしたこと、④ジャーナリズムによる鉱毒世論の沈静化、⑥日本とロシアとの関係悪化で

人々の関心が外交へ移ったこと、とまとめている［布川一九九七］。

だが、田中にとっては、田中の活躍によって被害地が救われたという見方は、不公平を肯定し、一つの村を潰して他の村々が生き残ることへの良心の呵責がなく、潰される村に生きている人の人権への配慮が欠落したものなのであった。田中正造の晩年の闘いが始まる。

第八章　晩　年

本章では、明治三七年（一九〇四）七月の田中の谷中入りから、大正二年（一九一三）九月四日の田中の死去までを扱う。

田中ははじめ無知・無識・無気力な谷中人民の庇護者の意識で谷中に入った。しかし、谷中残留民と暮らすうち、田中の意識に変化が生じる。谷中の人々を上から指導しようとする庇護者の意識から、谷中人民の中に入って、彼らから学ぼうとするようになる。このような田中の変化を、田中の伝記を著した林竹二は「谷中学」と呼んだ。この谷中学を通して田中は多くのことを学んだ。田中は谷中人民の生き方を学び、また谷中に残留する覚悟というものを学んだ。田中は彼らとともに谷中にとどまって、谷中村廃村の不当を糾弾するとともに、谷中村の復活を目指すことになる。

田中にとって谷中村の廃村が不当であったのは、それが不公平な政策であり、また大日本帝国憲法で保障された臣民の権利を侵害するものだったからである。田中にとって人権は、いかなる権力によっても侵害されてはならない、天から与えられた貴重な人民の権利であった。その貴重な権利を保障しているのが大日本帝国憲法である。したがって、本来であれば、憲法を正しく適用しさえすれば、足尾銅山鉱毒問題は解決可能なはずであった。ところが、鉱毒被害地では憲法が正しく行われていない。政府は、憲法の精神を破壊し、憲法の正条《せいじょう》を蹂躙して、人民の所有と居住を破壊し、国家社会の基礎である自治の団結を破壊し、一個の古来の村を消滅させて、新しい村を造らず、人民の不幸と国家社会の災害を作り出すことに努めている。たとえ憲法があっても、それを守る政府・役人・議員がいなければ、国は亡びるほかない。谷中村の復活は、憲法を守り、日本を亡国から救うことである。人民が憲法を守り、憲法を盾として、憲法を破壊する悪魔を誅伐しなければならない——と田中は訴えた。

ところで、田中にとって足尾銅山鉱毒問題は自治の問題でもあった。古来の自治村が、政府と政府の庇護を受けた銅山によって潰されるという問題であったからである。田中によれば、地方は即ち日本である。日本という国は地方が集まって出来ているからである。しかも古来の自治村は日本という国よりも古くから存在している。それゆえ地方自治は古来の権利であり、既得権ですらある。そのような地方自治が奪われ、古来の自治村が破壊されようとしている。中央政府が地方自治を侵害し、また中央政府に使嗾《しそう》された地方の官庁や役人たちが、自分たちの地方を破壊しようとしているのである。町村の安危は町村民の意思によらねばならない。住民は自治を守り抜く覚悟を持たなければならない——と田中は説いた。

田中が人権と自治を重要視したのは、それが、弱者が強者と闘う武器だったからである。田中は常に弱い立場の人たちの側に立ってきた。幕末期には領主層の苛斂誅求に抵抗する六角家騒動を闘い抜いた。政治活動に身を捧げることを決意して政治に発心したとき、彼は「公共に尽くす」ことを誓った。田中にとって「公共」とは「人民」のことであった。政治とは「民を治する」こと、すなわち人民を幸福にすることを意味した。政府は国民の幸福を実現する機関であり、国家は国民の生命や生活を守るために存在するというのが田中の政治観であった。足尾銅山鉱毒事件の存在を知ってからは、被害地と被害民を救うため、田中は政府とその庇護を受けた銅山と闘ってきた。政府が谷中村を貯水池とすることで鉱毒問題の解決をはかろうとすると、谷中入りして、谷中村民の権利と谷中村の自治を守るために闘った。田中は弱者の権利と自治のために闘ってきた。そのような田中は、言葉の本来の意味で、すなわち被治者の権利を擁護するという意味で、リベラリストであった。また被治者の自治を構想する田中を「人民国家の構想者」（鹿野政直）といってもよい。それも、書物から得た知識でそうなったのでなく、被害地と被害民を守る闘いのなかでそうなった田中は、「土から生まれたリベラル・デモクラット」であった。

田中は谷中残留民から、彼らの生き方を学んだ。それは無欲で自給自足に満足している人々の生活であり、虚飾を捨てて自然と共に生きる生活であった。また、田中は谷中村復活のため治水のあり方について研究を重ねるうちに、自然の偉大さに気付くようにもなった。田中は最終的に「自然との共生」という思想的境地にたどり着く。「人は万事の霊でなくてもよろし、万物の奴隷でもよし、万物の奉公人でもよし、小使いでよろし」、「真の文明は山を荒らさず、川を荒らさず、村を破らず、人を殺さざるべし。……今の文明は虚偽虚飾なり、私欲なり」――田中の晩年の言葉の一節である。

谷中村の復活に向けて奔走していた田中は、大正二年八月三日、他家の庭先で倒れた。そのまま病床の人となり、「俺を谷中に連れて行け」と駄々をこねながら、九月四日に死去した。

本章第1節では田中の「谷中学」について、第2節では人権と自治をめぐる闘いについて、第3節では田中にとって政治とは何であったのかを、第4節では県の勧告に従い谷中村を離れ、第二次鉱毒調査委員会の勧告にあった北海道移住をした人々について、第5節では田中の最期を述べる。

第1節　谷中残留民と共に

明治三七年七月、田中は谷中入りした。彼ははじめ、無知・無識・無気力な谷中の人民を救うため「人道の一方にて」、すなわち庇護者の意識で谷中に入った。明治三八年四月に谷中村民に宛てた書簡には、

谷中の人は常に嘘をつくために、今日の不仕合わせとなった。今より改めて、嘘をつくことをやめて、正直の人となれ。

とある。明治三八年八月の残留民宛て書簡は、

人は正直で、強い正直でなければ用に立たない。弱い正直は役に立たぬ。今日はなおさら強く自分の権利を重んずべし。分からぬことは聞きに来るべし。日戻りにできる。

と、「分からぬことは聞きに来るべし」と谷中の人民に「教える」という態度で彼らを叱咤していた。自らの谷中入りの動機については、明治四〇年四月の逸見斧吉宛て書簡で、

谷中の真相、人心危険なり。なぜなら無知識だからである。実に自分は去るに忍びない。……無知識無気力の人民をどのように保護すべきか。誠に去るに忍びない。

と述べているように庇護者意識が濃厚である。

それが明治四〇年一〇月の日記では、

人類のためとなるには先ず自分が人類の中に入って、人類となる必要がある。魚を獲る人を見よ。先ず自ら魚の群れに入って、魚の生活の有様を知って、その上で魚を獲ることができるのである。人のためをなすには、人類の群れに入って、人類生活のありさまを直接に学んで、また同時にそ

の群れと辛酸《しんさん》を共にして、その群れの人に化して、その群れの人となるべし。そうして初めてその群れの人々が我が同志となる。これを人を得るの法というのである。

とあるように、田中は人民の中に入っていこうとするようになる。このような田中の態度を、林竹二は「谷中学」と呼んだ。林によれば、明治四〇年一〇月の日記は田中の谷中人民に対する態度が根本から変化したことを示す記事であり、ここから谷中の苦学が本格的に始まる。谷中の苦学は、田中が谷中の人民となるための自己との闘いであった。正造は九年にわたる谷中の苦学に耐えて、谷中人民の一人になったという［林一九七六・一九七七］。田中は谷中学を通して、谷中人民の庇護者から谷中人民の一人になり、谷中人民に「教える」人から、谷中人民から「教わる」人になった。

とはいえ、林のいうように単純に割り切ることもできない。まず明治四〇年一〇月の日記の「人類のためとなるには先ず自分が人類の中に入って、人類となる必要がある」という記述は、自分が谷中の人民とは違う人間であるという意識、しかも自分を魚を獲る人に、谷中人民を魚に例えているような、谷中人民を下に見た響きがある。花崎皋平が指摘するように、田中は「人民のために」から「人民とともに」と林が言うように単純に変化したのでなく、その後も両者は共存しており、最後まで平民意識と家父長的庇護意識が共存していた［花崎一九八四］。また布川了は、田中は最後まで指導者意識を持っており、残留民には気力の欠乏と自分本位主義があったと指摘している［布川一九九七］。

ともあれ、田中は庇護者意識を残存させながらも、谷中人民を理解するため、すすんで谷中人民から学ぼうとした。そして田中は「一切を捨てよ。この民を見よ」という境地に至る［明治四二年三月の日記］。

田中は谷中の残留民から多くのことを学んだ。たとえば明治四二年一一月に田中が東京の支援者である逸見斧吉夫妻に宛てた手紙に、

水野彦一氏、天性哲学思想の人で、三七年の冬頃より主張してきた氏の言葉は、政府が必要とするなら貸すべし、ただ水を入れるだけならば借り物でも良いはずであると主張したものである。当時は我々もその立論に感心したものである。……今年病に死す。

とある。先述した（第六章第4節）田中の講演「土地兼併の罪悪」は、この水野彦一の所論をネタ元にしたもののようである。田中は明治四五年四月の日記に、

目に一字なしといえども、土地献納を論ずる者も出現した。これは彼らが国家を重んじ、社会を愛し、憲法を捧持しているからである。これに対し、政府や県は、何の道徳、何の信念、何の憲法、何の精神によって人民の家を破砕するのか。

と書き記している。

田中は谷中人民から特に何を学んだのか。たとえば次のような出来事があった。明治四〇年八月二五日、渡良瀬川が大洪水となり、残留民の仮小屋が流された。このとき田中は古河町におり、翌日、舟を借りて谷中に駆けつけた。病人の水野常三郎をはじめ、みなが案外平然としている様子を見て、「人は以て一概に侮れぬものか」との感想を抱いた。すなわち、

水野常三郎氏は病気で床にあった。床下に二寸の水、また時に怒濤《どとう》が襲い、四面の壁はなくなり、四方より浪が煽り込む。これにも耐えて、正造の避難の勧めにも応じない。他の人々も皆この類いである。これが勇気なのか何か判断できないが、この人々の自覚は我々の及ばないところがある。人は以て一概に侮れぬものか［同年八月の書簡］。

というのである。田中は残留民の、苦難の中にあっても動じず、断固として谷中から動こうとしない態度に、「一概に侮れぬものか」と感動した。また明治四〇年九月の書簡には、

洪水で正造は濡れた着物のため……苦痛を忍びがたく難儀した。谷中の人々、水野と間明田は二人とも病人だが、着物はもとより濡れていたが、それでも水の中に安座して、怒濤を避けるまで

ほとんど平気、これは自然で、正造ほどに深く苦痛とも思わないようである。この人々の自覚は神にも近き精神である。

とある。田中は谷中の人々を見て、残留する覚悟というものを学んだ。それまで谷中人民の庇護者のつもりでいた田中は、谷中人民のために移住地を探すことに奔走していた。しかし、こうした残留民の覚悟を見て、田中は改めて残留することの覚悟を学んだのである。それでは、何ゆえ彼らは残留することを覚悟したのか。それは政府の非道に抵抗するためである。谷中の残留民にとって、それは古来の村が国家の手で滅ぼされることを拒否することであった。田中にとって、それは人々の権利と自治を守る闘いであった。

第2節　人権と自治

田中にとって鉱毒問題は、一貫して権利と自治の問題であった。第四章第5節で見たように明治三〇年五月に政府は鉱毒被害地に免租（地租免除）を講じたが、田中は明治三一年五月の書簡で、

広大なる鉱毒被害地の損害賠償、権利の蹂躙、町村自治の侵害、破壊した堤防の増築、渡良瀬河身改良等、最も大切な五大問題が眼前に横たわっていることを打ち忘れ、微々たる一免租のため

に満足することは、百年の大計を誤るものである。よろしく憤然決起して国家のため、ますます尽力して阻止の貫徹を期せられることを切に祈り奉り候。

と被害民を叱咤している。

権利や人権は、決して侵害されることを許してはならない、貴重なものであった。明治三八年六月の書簡で、田中は被害民に「権利は自家の宝物である。他人より軽重すべきものでない」と説いている。そのような貴重な権利は、田中によれば、天から人に与えられたものであった。

小児は泣く権利がある。これは天から付与された権利であり、父母が与えた権利ではない。日本憲法はこの小児の心を発揚したものである。憲法もまた小児の権利を抑圧せず……権利の保障を及ぼしたものである［明治四五年七月の日記］。

財産は人に属し、権利は天に属す。人権の尊きを知らざるべからず。人権は天の所有である。人はこれを守る［大正二年六月の日記］。

という。

その貴重な権利を保障しているのが大日本帝国憲法である（第二章第2節）。したがって、鉱毒問題を解決するには、憲法を正しく適用すればよかった。明治三〇年九月の雲龍寺鉱毒事務所宛ての書簡で田中は、「請願の要旨は憲法の保護を受けるの一か条をもって足る」と指示している。
だが、被害地では憲法が行われていない。「被害地に憲法なし。ただ古河のために予防線あるのみ」[明治三四年一月の日記]。「被害地に憲法なし……政府は人民撲滅の極み。なぜひと思いに殺さぬ」[明治三四年一月の書簡]、「今や憲法は跡を絶って、その影さえも見えない」[明治四〇年一〇月の書簡]という。政府が憲法を無視し、破壊しているのである。

憲法の精神を破壊し、憲法の正条を蹂躙して人民の所有居住を害し、国家社会の基礎たる自治の団結を破壊し、団体上より生ずる無限の公益を損害し、一個の旧村を失って一個の新村を造らず、人民の不幸と社会国家の災害となることを政府はつとめている[明治四〇年三月「谷中村土地収用の憲法に関する質問書」]。

憲法を破壊して民家を破壊し、救うの名の下に財産居住生命を奪い、国費を投じて窮民を造り、これらをもって治水とする。みな銅山私欲の治水である。治水でなく破川である、破道である、破憲である。公益に非ずして亡国である[明治四五年六月の日記]。

嗚呼、憲法ありといえども、守るべき官吏・議員がなければ、これを亡国というべきである。憲法を守る人民、ただ憲法を盾として、この悪魔を誅伐して、国民および現在弱い政府の力不足を救済するほかない。

くに富みて民の富まぬはなかりけり。

民の富こそ国の富なり。
いたづらに富国強兵を夢見つつ、国の根本玉なしにすな。
言うまでもなく、政治の基は人民に存する［明治四五年六月「足尾銅山の誅伐は我々の権利なり」］。

憲法が行われていない被害地では法律が乱用されている。

法律に文字を造り、所有権・居住権を奪い、古来自治村を破壊する権利があるのか［年月不詳「覚書」］。
国民は法律師の奴隷たるべからず。被害民は、我はこの国土の所有主であることを忘れるべからず［明治三一年四月の日記］。

また法律の不備に乗じて悪事が行われている。

法律の不備に乗じて罪悪を行うな［明治四一年八月の日記］。
鉱業を停止すべしという法律がありながら、銅山を放置しておいて、人民の方に一方的にひどい目に遭わせ、泣かせ、苦しませて、無理をして、そうして激高する人民があれば、激高するのを待って、これを逮捕して、牢に打ち込むとは何事か［明治三二年三月の議会演説］。

たとえ法律が許すからといって、わが子を殺す親はない。罪もないわが子をわざわざ殺す親はない。子を殺すことを公益なりと叫ぶのは日本政府のみである［明治四一年一二月の書簡］。

このように法律無視、あるいは法律の乱用が行われるのは、あたら法律の知識がある知識人が、その知識を被害民のためでなく、古河のため、政府のために、そして自己の出世のために悪用しているからである。

大学を廃すべし。腐敗の淵源である［明治三六年六月の日記］。

帝国大学出の学士の多くは、忍耐力の一つは卒業している。恥を忍ぶ、侮辱を忍ぶ、害を忍ぶ、惻隠の心を失うことを忍ぶ、醜汚を忍ぶ、人を殺すことを忍ぶ。同胞兄弟に破廉恥を行うことを忍び、国が亡びるのを忍ぶ。学生はすでに忍耐力を卒業している。学ばざるにしかず［明治三六年一〇月の日記］。

学生を見よ。何学生であれ、人民を救う学問を見ることがない。たとえば栃木県の学生、法律を学ぶ学生は百人位いるだろうが、人民を救う学生は一人もいない。……人民を虐げ、欺いて、自分の懐を肥やしている［明治四〇年一〇月の日記］。

今の大学卒業の生徒、学士なるものは、あたかも花嫁の如し。座らせれば美なり、働きのほどは怪しい［明治四四年一一月の日記］。

諺に曰く、心ここにあらざれば見れども見えず、聞けども聞こえず、食すれども味を知らずと。今の学者はこの類いなり。見る目あり、聞く耳あり、食う口あり、むしろ無学の人々より多くの耳口目を持ちながら、心に誠実なく、心に信念なく、良心を切り売りして、知識を切り売りして、徳義の山林を濫伐して、徳義の山林は今や赤裸山となる。アア人心亡びて山川亡び、山川亡びて田園亡ぶの順序なり［大正二年六月の日記］。

田中の知識人批判は手厳しい。己のためにのみ生きている知識人は、人道のために働くよりも、自己の家庭を大事にすることを選ぶ。

知識を有する諸君に怨言する。人より優れた知識を持ちながら、自宅に起臥して行動することなく……日夜細君のご機嫌を伺い、世間には両親への孝道を言い訳にして行動から逃れようとする。今の世の孝は遁辞なり。今の世の愛妻は卑屈なり［明治三〇年一〇月の書簡］。

知識人だけでない。知識を有しながら、行動しない一般の人も同様である。

予、新聞を見ないこと三一年、それゆえ予の話はみな古い。人は笑う、古い古いと。しかし、その笑う人は行動しない。予は古いことを語る。行うことを語るのみ。行わないことは語らない。今の人は知るのみ。行動しない［明治四四年五月の日記］。
昨日、藤岡町の一勇士に逢う。イヤハヤ新聞学の知識で饒舌、いろいろの物知りで、無学の我々は返事にも困る。今の日本この種の人物多し［大正元年一一月の日記］。

田中自身は、

妻病院に入り、また縁者の厄介となって東京にいること三十日余り。私はその近所に出没し、その近所に二度宿泊していたにもかかわらず、一回も病人を見舞わなかった。被害地救済のため多忙だったからである。人道のために人道を破り、天道のために天道を破る。このようであって神の御心にかなうのか否か。我が精神においては許されるが、神霊はこれをいかに見賜うであろうか［明治四四年七月の日記］。

と家庭を顧みない人であり、そのことを心苦しく思いながらも、被害地のため奔走してやまない人であった。

被害地における法律の乱用は、憲法が保障している臣民の権利や財産を侵害するものである。

我々は天皇の臣民の資格を奪われて、未だ帰するところ無し［明治四〇年「法律の乱用」］。

県会や国会が何と決めても、生命財産は我が物なり［年月不詳「覚書」］。

法律上はどのように曲解し、牽強付会するとしても、美かつ大なる古村を潰して耕作をさせず、人民四方に生活に苦しんでいるのは事実である。当時行政なり司法なりに訴えなかったのは落度であると法律家は言う。落度は落度として、憲法はこの行為を許さない。なぜなら、憲法は、朕は臣民の権利及び財産を尊重すると定めているからである［大正二年七月の日記］。


本来、憲法は人民の権利を保障するものであり、政治は弱者を救うものである。それが今や逆転している。


国家は弱きを助けるものである［明治三六年七月の日記］。

今日の社会は弱きを苦しめ、道徳もまた強きを助ける。巡査は強きを助け、華族であれば罪があっても罰しない［明治三六年一〇月の日記］。

社会保護の国家は、変じて国家保護の社会となる［四三年一二月の日記］。


だからといって政治は無用というのでなく、むしろそれだからこそ政治が必要なのだと田中はいう。

僧を憎んで仏を侮るのは良くない。議員を憎んで代議政治を侮ることは、自ら損するものである［明治四〇年四月の書簡］。

政治は本来、廃れた村を回復させる力のあるものである。廃れていない村を廃れさせ、水攻め糧食攻めで居住にさえ堪えないようにするものでない［明治四五年一月の日記］。

田中によれば、「政治は道徳の模範であり、公共的道徳の模範」であらねばならなかった［大正二年三月の日記］。

憲法を蘇生させねばならない。

憲法を蘇生させるべし［明治二九年六月の日記］。

自分は二十年前には憲法を見た。今は見ることができない［大正元年一〇月の日記］。

政治家が憲法を知らないとすれば、そのような政治家を許さない。政治家が人道に用なしすれば、そのような政治家を許さない［大正二年一月の日記］。

谷中村を守ることは、憲法を守ることであった。

谷中、銅山との戦いなり。官憲がこれに加わって銅山を助ける。人民、死をもって守る。何を守る。憲法を守り、自治の権を守り、祖先を守る。ここに死をもって守る［明治四三年四月の日記］。
人民は死すとも憲法を守って動かぬです。政府は憲法を破る。人民は守る［明治四五年四月の日記］。

他方で、大日本帝国憲法の限界も感じるようになった。明治四五年三月の日記に、

人権は法律より重い。人権に合するは法律に非ずして、天則にあり。国の憲法は天則より生ず。ただ惜しいかな、日本の憲法は日本的天則より生ず。宇宙の天則より生じたものでない。

と記している。小松裕［二〇〇一］が指摘するように、田中の晩年の憲法観は、憲法を死守すべしという信念と、憲法の相対化が同居していた。大日本帝国憲法に依拠して足尾鉱毒問題を闘うことに壁を感じながらも、憲法が完全に行われることを要求していた。また「日本的天則」ではなく「宇宙の天則」から生じる憲法を求めながらも、たとえ不完全でも憲法を愛し、完全なものにしようとしていた。田中は「国の憲法たとえ不完全なりとするも、これを愛せば、やや全きを得よう。愛せざれば、

金科玉条皆無用有害なり」［明治四四年一一月の日記］、「形の憲法は破るとも、精神の憲法は破れない」［明治四四年「建白書」］と記している。

ところで、権利や人権は普遍的なものである。誰かの人権が尊重され、誰かの人権は無視されるということは許されることではない。それゆえ田中は「一方に良く、一方に悪い」谷中村の遊水池化に反対したのであった。自分の権利が守られればそれでよい、他人の権利のことなど我関せずでは、いつか自分の権利も蔑《ないがし》ろにされる。田中は明治三四年一月の書簡で、

鉱毒問題は権利の問題、財産生命の問題、憲法法理の問題にして、誠に国家社会の問題たることにお気づきになられ、たとえ自分の所有地に損はなくとも、全国民が被害民であること、たとえ自分の家に死人はなくとも、人類が殺される問題であることに気付かれよ。

と述べ、鉱毒問題は権利・人権の問題であるから、自身に損が無くとも、この問題を看過すべきでない、この問題を看過すれば、自身を含む人類の人権が損なわれることになるのだとメッセージを発している。

だが、人々は無関心、とりわけ直接被害を受けていない地元の人々や、谷中問題で犠牲になることを免れた人々が冷淡であった（第七章第４節）。

ただ傍観するだけとすれば、我が下野に人無し、また関東に人無しである。悲しむべし。近隣の同胞が死地に入るのを見て見ぬふり［明治三二年五月の書簡］。

自分たちの大利害大権利を顧みず、これを議員正造の仕事のように、また被害地の事件のように考え、自分の権利、自分の生活、自分の権利を捨てて、見物人の位置にいる。同情しているとはいっても、絵を見て同情し、芝居を見て涙を落とすような、無意味な同情であって、行動を伴わない［明治三四年の書簡］。

関係しないものは夢のごとく、対岸の火災のごとし。自分の利害権利をも理解しない国民とすれば、国家滅亡のほかなし［明治三六年五月の書簡］。

東京には有志がいて、谷中救済のために奔走するというのに、下野には一人もいない。東京人は栃木県庁に来て、再三谷中の将来を議するのに、栃木県では県会議員すら議論しない。東京の有志は堤防費を寄付したのに、下野にはそのような人は一人もいない。東京ではお金を出し合って谷中の土地を四百万円で買い取ろうという動きさえあるのに、下野人は四八万円を費やして、その村を潰す。イヤハヤなんとも分かりません。イヤハヤ下野は死んだも同然です［明治四〇年八月の書簡］。

谷中は水害村であって、悪い村であるなどと欺かれて、谷中の滅亡を見て厄介逃れのように考える馬鹿のみが七十万いるとすれば、下野そのものが全部厄介の県民である［明治四〇年八月の書簡」。

藤岡町の主なる人々は、なお未だに残留民を引き出すことに心を用いつつあり。自身の肉を食うの愚甚だしい。悲しむべし。愚なる国民は同胞を虐げて、一身の栄達をはかる［明治四二年六月の日記］。

亡びは突然に来るものでない。原因は甚だ遠い。しかも徐々に来る。ゆえに人々はこれに気づかずに亡ぶ。……一例を示せば、藤岡町である。また栃木や宇都宮である。亡びつつあるものをもって繁栄と思う。真の繁栄ではなく、将来必ずこの繁栄から亡びる。自身の手足を切り、自身の肉を食って、満腹となる。……皆欲より来る。人道を忘れ、天を恐れず、人を見ず、私欲のほかに楽しみがなくなって、これに陥るのである［明治四五年二月の日記］*。

＊林竹二によれば、田中自身は「隣人の指の痛みが、そのまま自分の指の痛みになってくる。そして、じっとしていられない。そういうものが田中正造の行動を支えている。そういう動機が、彼を突きうごかしている」という人であった［林一九七六年一一月］。

こうした人々の無関心は、日本人の権利意識の弱さによるものと田中には思われた。

日本権利知らず。日本人権知らず［明治三三年七月の日記］。

そうした日本人の権利意識の弱さを、田中は日本の歴史によるものと考えた。

我が日本の国民が古来より専制圧制の下に生活して干渉されることに慣れ、干渉されることに何やら心地よきまでに慣れて、遺伝の天性のようになっている。……明治二三年以来、立憲政治が実行されるに及んでも、依然として旧来の思想を改めることができず、良きも悪しきも御上の仰せご尤《もっと》も、知事様・郡長は神様なり、有り難しとあがめ奉っている［明治三三年六月の書簡］。日本古来の政治は専ら上にあり。人民はこれに頼る。その信頼は二千百余年の久しきにわたり……信頼の習慣が長く、人に殺されても天災なりと信ずる者さえいる。すべての災害を天災として疑わないのは、日本の根性となっている。日本魂ありといえども、根本が信頼による魂であって、自発的な日本魂ではない。……汝自身の魂ではない。他の必要に応ずる魂である。日本はこれを日本魂と称している［明治四四年八月の日記］。日本は立憲の実力がない。たとえ学術上の知識経験ありとするも、気力精神に欠乏する［明治四五年二月の日記］。

このように法治に慣れぬ日本国民は、法律の制定も政治家任せにしている。

法治に慣れぬ国民は議会の無能を笑うのみで、常に自らこれを可否する行動を取らず、否、行動する習慣がない［明治四〇年四月の書簡］。
他方、政治家もまた、一度制定した法律を、それを改めることができるのに、改正しようとしない。

議会には先非を改める権能がある。約言すれば、毎年毎年昨年の頭数決議の欠点を悔い改めるのは立法の妙所である。しかし、これを知る議員は少ない。いったん決した法律はしばらく服従の義務があるものと誤る者すら多い。これはわが国体が綸言汗の如しの言葉は金科玉条としてきた旧習の混交であって、堂々たる議会もまた不当決議に服従することの恥辱を知らない［明治四〇年二月の書簡］。

ところで、田中にとって足尾鉱毒問題は、古来の自治村が政府と政府の庇護を受けた足尾銅山によって潰されるという自治の問題でもあった。*

＊およそ近代国家における地方自治は、市民革命を起点とする近代国民国家の形成過程において生み出されたものである（以下［山田一九九二］［大島一九五八］［藤田一九六一・一九八七］［亀掛川一九七七］［大石一九六一］等による）。そもそも近代国民国家の形成は、中央集権的統一を追求する。国民国家の実現には、封建的地方分散と身分的諸特権を否定し、単一の国家と国民を形成することが至上課題だからである。そのうえで、国家の行政事務の全国的遂行を効果的に達成するために地方組織が必要になる。また全国的事項に関わらない地方的事項は

地方組織に処理させた方が効果的である。こうして国家の事務と地方固有の事務とを遂行する地方的領域が成立する。その際、地方における諸公共事務の処理は、国民主権の見地から、主権者たる住民によって運営・統制されることが要請される。同時に、地方統治への住民の参加は、新しい公民の創出と訓練のための教育的機能となることが評価される。

近代日本の地方自治制の特色は、第一に地方自治制が特に国家行政の一部として色濃く性格づけられていたことである。市制町村制の制定理由前文に「今地方の制度を改むるは即ち政府の事務を地方に分任し、また人民をしてこれに参与せしめ、もって政府の煩雑を省き」とあるように、近代日本の地方自治制は政府の事務を地方に分任し、政府の煩雑を省くことを意図していた。そのため機関委任事務が重要視された。機関委任事務に対しては、国から国庫下付金、補助金、交付金の名目で補助金が交付された。また天皇が任命し、内務大臣が指揮監督する府県知事に強い権限が与えられた。このようにして地方に対する中央政府の強大な統制権が認められていた。近代日本の地方自治制の第二の特色は、自治行政への住民の義務的参加と公共的事務の分任によって「行政参加の経験を得」させ、「忠良なる帝国臣民」としての資質と能力を養成することが意図されていたことであった。

田中はまず地方自治体の職員がその地方の人民のためでなく、中央政府の言いなりになって、足尾銅山のために奔走していることを嘆いている。

そもそも地方の県庁官吏や郡吏たる者は、その地方の人民の安全や自由を保護することこそ当然の職責であるのに、彼らはその職責を尽くさないのみか、かえって加害者の古河市兵衛と同心一体となり、日夜古河のために周旋奔走する。しかもそれは中央政府の内訓使嗾によるという「明治二九年三月の「足尾銅山に関する質問書」)。

地方の知事、郡長、警察は我々の官吏でない。被害地方から見れば、古河市兵衛の番頭、支店である［明治三三年一月の書簡］。

鉱毒の仕事は自分の家の仕事である。……たとえ郡役所から村役場に仕事を頼み来るとも、村の仕事を後回しにするのは間違いである。……村は村の被害民を助けよ［年月不詳の「村役場は村の被害民を助けよ」］。

田中の地方自治観は、制度よりも自治の精神（気象）を重んじるものであった。

自治の法は事柄を記したものである。これを行う者はよろしく精神を行うべきである［明治三三年六月の日記］。

そのような自治は住民の意思によって行われる。

町村の安危については、町村民の意見こそが主権者である。……しかし今の町村は、この権利を奪われ尽くして行政の足台となっている［明治四二年一一月の書簡］。

人民の自治権は住民より発動すべし［大正元年一二月の日記］。

たとえ中央政府が侵害しようとも、また中央政府に使嗾された地方官庁が侵害しようとも、自治を守り抜く意思が肝要である。自分たちの住む場所のことは自分たちが決めるという自治の精神よりほかに地方を守るすべはない。

自治は行政が破綻しても、国会が腐っても、自治独立何回でも［明治三三年八月の日記］。自治の本領は女子の操のようなものである。また庭に咲く梅花のようなものである。自治は何人もその枝を折り取ることを許さない［明治四二年一二月の書簡］。町村の自治のほか日本を守るものなし［明治四四年七月の日記］。

また田中には、町村こそが日本の基礎単位であるという意識があった。地方が集まって日本という国はできている。だから地方自治には何ものにも代えがたい価値があるというのである。

町村ということは、すなわち日本ということである。町村のことを思うことは、日本国を思うことである［明治三五年「演説草稿」］。
我々の谷中村は日本国民の谷中村である。政府といえども生殺与奪を勝手に行う権利はない［明治三八年一二月「谷中村堤防の記」］。

自治は町村を組織したものである。まことに国家の団体である。社会家庭の根本である。この組織は数百年を経て造られたものである。これを破るのは一朝のことである［明治四四年八月の日記］。

田中によれば、町村は数百年という歴史を有する。それゆえ地方自治は天来の既得権である。それは歴史の浅い国家が奪うことのできないものである。田中にとって自治とは古来のもの、国家以前のものであった［林一九七六b］［由井一九九一］。

今の町村は天来の既得権なり。この既得権は、近年の人造、今の世の人が造った法律の既得権とは比べものにならない。神の造った既得権であり、無上最大の既得権である。これがすなわち今の国となっている。これを破ることは国を破ることである［明治四五年一月の日記］。

谷中村が滅亡することは、政府が憲法を無視して臣民の権利を侵害し、また古来の自治村を非道にも潰すことであるから、それは日本という国が滅亡することに等しい。

谷中村が亡びれば、それは政府の非道が成功したということであるから、これが成功するようでは日本は非道ということになる。谷中村が亡びるのは、つまり日本国の亡びるのと同じことである。谷中村を亡ぼして、国が存在していると考えるのは間違いである［明治四〇年二月「谷中村復活を期する請願書草稿」］。

同年三月の谷中残留民宛ての書簡では、

谷中村が亡びたらそれは政府の非道が成功したわけで、これが成功するようでは日本の国は非道です。無政府です。谷中村が亡びるのは、つまり日本国の亡びるのと同じ事になります。しかし、一人でも谷中村を捨てない限り、谷中村は亡びないわけですから、どうか政府の非道を通させないようにしたいものであります。

と励ましている。何としても谷中を潰さない覚悟が必要である。それが日本を亡国から救う道である。

亡国とは天下の善者がことごとく死んだときである。善者ありとも、弱い善は光なし。光なきときは死して亡びたときである［明治四三年七月の日記］。

「小事を破れば大事が破れる」のである［明治四四年六月の日記］。田中は大正二年二月の日記に、谷中問題の要点は、人民を殺すか国を亡ぼすかの問題であり、政府が人民を殺し、自治を破るのは、国の基礎を破ることである。すなわち父母が子を殺すことである。政府が人民を殺し、自治の制度法律を破ってはばからない。このような状態で国の存立を望むべからず。

と記している。

谷中村を復活させることは、日本国を復活させることであった。「谷中が蘇生すれば、国もまた蘇生するであろう」［明治四二年七月の日記］。

谷中も忍耐さえあれば必ず復活します。今より新しい国、新しい社会を作り出します。面白し面白し［明治四〇年三月の残留民宛て書簡］。

国家はすでに亡んだ。知らずや、知らずや。しかも谷中は未だ亡びてない。我々は国家社会も合わせて復活させる、革新するのである［明治四〇年三月の残留民宛て書簡］。

国会のメチャメチャは五年前の谷中のようである。とにかく地方が第一です。地方次第です。谷中が手本［明治四三年四月の書簡］。

谷中村の死は日本の死である。谷中村の復活は日本の復活である［明治四五年四月の日記］。

日本がつぶれても、谷中は潰さない。これ人民の精神の有無にあるのみ。形は亡びても精神は存在する。日本は形はあるとするも精神はすでにない。日本はすでにない［大正二年四月の日記］。

当時、鉱毒問題に奔走する田中に対し、「今日は外に大問題が沢山ある。鉱毒問題のごとき一局部の問題にのみ汲々《きゅうきゅう》たるは田中君のために惜しむ」という批判もあった（犬養毅の言という［渡辺一九四四］。また田中自身の日記には「明治二九年一一月に東京進歩党事務所で志賀重昂から、『今日の大問題がある、鉱毒事件のような一局部の問題に汲々たるべきでない』と忠告された」とある［明治三一年二月の日記］。当時、田中に対しこのような忠告ないし批判する人は多かったようである）。

だが、田中自身は自らが狭量であることに自負すら持っていた。

人は予を狭量なりという。もし私が狭量でなければ、正造はないものである。狭くしてようやく存するのみ。人の精神は大なるものにあらず。広くすれば薄い。狭くしてのみ、やや堅くなる［明治三六年六月の日記］。

世の中はみんな利口と馬鹿ばかり　我のみ一人めくら行灯［明治三三年七月の日記］。

何事もあきれてものを言わぬとも　言わねばならぬ今のありさま［明治三八年五月の日記］。

田中は足尾鉱毒問題という一つの事業にこだわり続け、谷中村の復活に向けて闘い続けた。小松裕によれば、田中は年齢を重ねるほどにラディカルになっていったという［小松二〇一一］。

正造は老いたりとて、隠居などしない。斃《たお》れて止むまで、または老いて朽ち果てるまで、進歩主義である［明治三九年八月の書簡］。

田中にとって、谷中問題は決して小さな問題でなかった。

谷中滅亡問題を狭い小さい問題とする人物こそ、必ず小さな人物なり。必ず狭い人物なり［明治四五年二月の日記］。

谷中問題は「人道問題であり、国体問題であり、社会問題であり、憲法問題であり、経済問題であり、歴史の問題であり、国家社会の問題」だからである［明治四〇年三月の書簡］。人道問題というのは被害民の苦しみに日本人として共感して行動できるかという問題であり、国体問題というのは「天皇の赤子」の苦しみを救済できるかという問題であり、社会問題というのは谷中にとどまらず日本全体の問題であるということであり、憲法問題というのは谷中村の強制収用が憲法に違反しているということであり、経済問題というのは土地が失われることで経済的損失が生じるということであり、歴史の問題というのは古来の自治村が失われるということであり、国家社会の問題というのは日本という国の存亡がかかった問題であるということである。谷中村問題とはそれほど大きな問題であるというのが田中の認識であった。

とはいえ、田中は必ずしも谷中村の復活を単純には信じていたわけではなかった。谷中残留民の一人として、少年時代、田中に付き従っていた島田宗三は次のようなエピソードを記している。明治三九年五月のある日、ある人から谷中村復活の可能性について尋ねられた田中は、

この運動によって救済しなければならぬと思うのですが、結果のほどは分かりません。しかし、たとえ死ぬと思う肺患者でも、生命のある間は治療し、看護するのが人生の義務で、また責任です。

と答えたという。これを田中の傍らで聞いていた島田は、「それまで翁の説に従って、県庁や政府に運動すれば谷中村は復活するものと信じていた私は、翁のこの言葉を聴いて非常な淋しさを感じた」という［島田一九七二］。たとえ無理であっても、正義を貫き通そうとすること、それは田中にとって「人生の義務で、また責任」であるという人生観であり、また政治観でもあった。

第3節　田中正造の「政治」

田中が残留民と谷中にとどまっていると、県の勧告に従い移住していった人たちのいく人かが、移転先に馴染めず、谷中に帰ってくるようになった。

田中は移住について「移住とは転地であり、権利を捨て去ることである」と批判的であったが、帰ってきた人たちに対しては、

> 彼らの家を訪ね、外から声をかけて、話していた。いつの間にか田中の声がうるんできたので、振り返って田中の顔を見ると、田中は玉のような涙をいっぱい湛えていた。

という（石川三四郎が島田宗三に話した談話。石川は田中とともに帰ってきた人たちの家を回っていた［島田一九七二］）。

石川は「この時の光景は今も忘れることができません。……他の一切の事実は抹殺されても、この一瞬の事実で、翁の人格は天地に輝きます」と述べているが、筆者も同感である。この一事だけでも田中の人格は燦然と輝く。田中は常に弱き立場の人たちの側に立っていた。

田中は幕末期、六角家騒動を闘い抜いた。当時、江戸時代の身分制度に不満を持つ農民は多かった。

たとえば信夫・伊達両郡の世直し一揆（慶応二年）を指導し、「世直し八老大明神」として有名な菅野八郎は身分制度を激しく批判していたが、その批判は身分制度内の上昇志向に基づくもので、身分制度そのものへの批判ではなかった［須田編二〇一〇］。また武蔵国榛沢郡血洗島村（現埼玉県深谷市血洗島）の豪農の家に生まれた渋沢栄一は、あるとき岡部の陣屋で代官に嘲弄され、帰り道に憤慨しながら、

自分もこの先、今日のように百姓していると、彼ら（渋沢を嘲弄した代官のこと）のような、いわば虫けら同様の、知恵分別もない者に軽蔑せられねばならぬ、さてさて残念千万なことである。どうしても百姓をやめたい。余りにも馬鹿馬鹿しい話だ［渋沢一九六六］。

との思いを抱いた。渋沢はその後、尊王攘夷運動に身を投じ、やがて徳川慶喜の家臣に取り立てられていく。彼らにとって身分制度への批判・不満は、自分が士ではなく農であることの不満であり、身分制度内での上昇を志向していた。

田中はそれとは全く違っていた。六角家騒動を、あくまでも「下野の百姓」として、村と村民の生活を守るために闘い抜いた。田中には身分上昇志向というものがなかった。田中は「下野の百姓」であることに誇りをもっていた。田中は名主を務めていたが、田中にとって名主は身分でなく、「公職」であった。仲間の百姓に選ばれて、名主という公の職責を引き受けているという意識なのであった。

被治者の一員として、治者階級と戦ったのが田中にとっての六角家騒動であった〔林一九七六〕。

政治に「発心」したとき、田中は「公共のために尽くす」ことを誓った（第一章第2節）。田中における「公共」の意味は、明治政府の指導者や自由民権家たちの「公」とは全く違うものであった（第二章第1節）。彼らにとっての「公」とは国家のことであった。田中における「公共」とは「人民」のことであった〔林一九七七〕。田中にとって、政治の目的は人民を幸福にすることであった。それを田中は「民を治する」と表現している〔布川一九九七〕。「民を治する」とは、民衆を幸福にすることである。民衆を幸福にすることが政治であり、その実現に努める機関が政府であり、その目的のために献身する人間が政治家なのであった。

田中の言葉に「最弱を以て最強ニ当る」というのがある。

予の多年の楽しみは何かというと、……社会の最も勢力なき弱き人々を合わせて強き暴慢を排することである。予正造の行為の十中の九はこれである。「最弱を以て最強ニ当る」ことが私の楽しみである〔明治四三年八月の日記〕。

田中は常に最弱をもって最強に当たってきた。このような田中を真のリベラリストと称してよい。それも、思想や教養から入ったリベラリストでなく、「最弱」の人々の権利や生命を「最強」の人々から守るためにはどうしたらいいかという現実的な必要から入ったという意味で、「土から生まれたリベラリスト」と呼んでよい。

たとえば近代日本の代表的なリベラリストとされる福沢諭吉を比べてみよう〔田中浩一九九三〕。福沢は「権力の偏重」に警鐘を鳴らし、政府から自立した国民の独立を説いた。その点で福沢が近代日本で最も偉大なリベラリストの一人と称されることは正当である。しかし、福沢の「一身独立」は、結局のところ、「一国独立」に収斂される。福沢は「一国の文明は独り政府の力だけで進むべきものでなく」、国民も政府もそれぞれの分限を尽くし、「互いに助け合って一国の独立を維持しなければならら」ないのであって、「日本にはただ政府のみがあって、まだ国民がいない」と慨嘆する。福沢にとっては国の独立こそが大目的であって、それを担うべき「自立した国民」の未成立を嘆いていた。それは国家の独立が至上問題であったという時代の要請によるものであったが、結局のところ国家権力に寄り添うものであった（福沢の足尾鉱毒問題に対する見解は、本書で見た『時事新報』の論調を参照のこと。『時事新報』は福沢が創刊した新聞で、同紙の社説は福沢が直接書くか、社員が執筆したものを福沢が校閲したものか、福沢の口述を社員が筆記したものであり、いずれも福沢の手が入ったものであった。『福沢諭吉全集』には「内務大臣の鉱毒視察」〈明治三〇年四月一三日〉、「足尾鉱毒事件の処分」〈同年五月二八日〉、「学術進歩の賜物として見る可し」〈同年六月二日〉が収録されている。いずれも被害民の東京押出しを文明社会にあるまじき百姓一揆の類いと見、鉱毒問題を調査委員会の学術的調査によって解決すべきと論じている〔三浦二〇〇三〕。田中の場合、福沢と同じく「権力の偏重」を説きながら、徹底して人民の側に立ち、人民の権利を守るための闘いに生涯を捧げた。

西洋の市民革命を支えたリベラリズム（古典的自由主義）は、絶対君主制の国家権力からいかに市民的自由を守るかを課題としていた。そのための制度的保障として、市民革命は立憲主義や三権分立、基本的人権、法の支配といった制度や概念を生み出した。これらは国家権力から人民の権利を守るためのものであった。「最弱」の人々の権利や生命を「最強」から守るために捧げられた田中の生涯は、このような本来のリベラリズムを体現していたといえよう。もちろん古典的自由主義は市民（有産階級）の権利を守るためのものであるという批判もあり得る。しかし、家永三郎の指摘によれば、田中は大日本帝国憲法第二七条の所有権不可侵条から生存権保障規定を引き出し、被害民の生存権の保障を政府に求めたのであった［家永一九七八］。

絶対君主から国家権力を奪った市民革命は、自らが主権者となるデモクラシーを生み出した。市民は自分たちが主権者であると宣言したのである。他方、市民は自分たちの人権を守るために、自分たちの代表に統治を任せることにした。それが近代デモクラシーの起源である。「最弱」の権利や生命を守るために、自分たちのことは自分たちで決めさせろと唱えた田中は、荒畑寒村がいうように「土から生まれたデモクラット」といえよう（本書「はじめに」）。

リベラリズムとデモクラシーは、相互に補完し、相互に抑制し合いながら、双方の内実を意味あるものたらしめている。本来、自由主義と民主主義とは異なるものであり、ときには反発し合うものですらある。自由主義は政治権力の発動を押さえることに重きを置き、権力が小さいほど自由の領域が広がると考える。いわゆる「権力からの自由」である。これに対し民主主義は、政治権力のへの民衆の参加を重視する。いわゆる「権力への自由」であり、制度的には参政権確立を目指す。このように相異なるリベラリズムとデモクラシーが結合することによって、両者は相互に抑制し、また相互に補完することで、市民革命以降の近代民主政を内実あるものたらしめてきた。リベラリズム無きデモクラシーは、かつてのナチス・ドイツがそうであったように、また現在の朝鮮人民主義主義共和国（北朝鮮）が毎回の選挙の投票率九九・八〜九％を誇っているように、高度な政治参加を実現しながら、デモクラシーを形骸化させ、政治参加の名のもとに人々の権利を奪っていった。G・モッセによれば、ヒトラーの成功は主権在民に基礎づけられた近代の政治様式によるものであり、我々がファシズムと呼ぶものは実は人民主権という一八世紀に出現した概念にもとづく「新しい政治」のクライマックスなのであったという［モッセ一九九五］。デモクラシーは近代民主政を全体主義国家と化する危険をはらんでいる。権力が介入すべきでない領域を確保するのはリベラリズムの役割である。他方、リベラリズムの要請である人民の権利の保障を実現するためには、人民自身による統治であるデモクラシーが必要となる。両者は相互の行き過ぎを抑えつつ、補完し合っている。「最弱」の権利や生命を守るために自治の必要を説いた田中は「土から生まれたリベラル・デモクラット」であった。*

＊形式上の民主主義だけでは不十分であることについて、戦後日本の反公害運動を指導してきた宇井純一は、「形だけの民主主義に気をとられて、自治という大切な概念を落としていたこと、それにもう一つ、自然のおそろし

さを忘れてしまっていたことは、その後の公害反対の住民運動の中で、痛恨の念をもって何度も思い出されたものである」と述べている［宇井一九七六］。

「最弱」の権利や生命を守るため「同胞」の奮起に期待し、「亡国」を憂えて国の行く末を案じた田中は、その意味では、ナショナリストの一人に数えられるかもしれない［モーリス―スズキ二〇〇七］。だが、常に被治者の立場に立ち、「最弱」の側にあった田中のナショナリズムは、偏狭な自国中心主義や近代日本の大国主義とは無縁であった。田中は、ポーツマス講和会議に対しては「わが国が講和を希望するならば、まず大国民ぶることをやめよ。やはり小国は小国なり」［明治三八年六月の書簡］と述べ、また力ずくで日本に併合された大韓帝国に鉱毒被害民の姿を重ね合わせている。日露戦争後、日本が満州権益を取得すると、田中は、

日本人の根性小さく……わずかに満州を得て喜ぶ。笑うべきのみ。……人一人を救えば、その愛は世界に及ぶ。満州を得て満足する者の心の小ささ、業の卑しさ、憐れむべし［明治三九年一二月の書簡］。

と述べる。

明治四一年一〇月の日記では、

国は、人と同じで、体格が良いからといって必ずしも尊いわけでない。知徳があることで尊い。国は、人と同じで、腕力があるからといって尊いわけでない。痩せても知識があるのが尊い。国は、人と同じで、容貌が美しいからといって尊いわけでない。正直、律儀、自由、温良が尊い

［明治四一年一〇月の日記］。

と記している。田中の愛国心とは、「政府のためのものでなく、議会や議員のためのものでもなく、広く天下国家と人民のためのもの」であった［明治二四年九月の日記］。

吉野作造は大正五年に「国家中心主義個人中心主義　二思潮の対立・衝突・調和」と題する論説を著している。吉野によれば、国家本位と国民本位は究極的には調和すべきものである。国家の発展は理念的には国民の幸福を導き得るし、国民の幸福が国家の発展につながることもあり得る。しかし、現実には両者は往々にして衝突し、一方が他方を犠牲にすることが多い。吉野は、これまでの日本は国家のために国民が犠牲にされることの多い国家本位だったから、今は国民本位ということを考えるべきだと説いた［吉野一九一六］。

近代日本は国家本位、国益至上主義であった。自由民権運動もそうであった（本書第二章第1節）。明治維新の特質について、竹越与三郎は明治二四年に刊行した『新日本史』で、「維新を遂行した

人々は、自由の叫びによって立ち上がったフランス国の人民のように、万民が平等であるという議論を知るものでなかった」といい［竹越二〇〇五］、鹿野政直は「西洋の市民革命は『自由』や『平等』という観念が人々を鼓舞したが、日本の明治維新では『忠誠』の観念が日本人を近代社会に鼓舞した」と述べている［鹿野一九六九］。結局のところ、上山春平が指摘するように、日本においてリベラリズム（古典的自由主義）が育つ社会的条件が作られた頃、お手本の欧米諸国ではリベラリズムを批判する風潮が台頭しており（社会主義やニュー・リベラリズムの台頭）、そのため日本はリベラリズムを経験することなしに、リベラリズムを批判する風潮に巻き込まれていくのであった［上山一九六五］。

そうしたなかで田中は稀有な存在であった。田中は国家のためでなく、国民のための政治を実践しようとした「土から生まれたリベラル・デモクラット」であった。

田中にとって大切なこと、田中が優先したものについて、カリフォルニア大学ロサンゼルス校史学部教授のF・G・ノートフェルファーは、

> 田中正造と足尾鉱毒事件に関して最も重要なことは、「発展」を停止しようとしたことではなくて、国家は何を優先させるべきか、発展の過程はいかにあるべきか、という問題を、遺産として残したことにある。田中は、近代への突進において、手段と目的が逆転しているのを感じた。国家ではなく、人々は、均しく、彼らの適当な場所に復帰する必要があった。政府の役割は……新し

い国家を建設するのと同じくらい、国民に奉仕し、保護することであった［ノートフェルファー一九八一］。

と述べている。また日向康は、

より多数の幸福を獲得するためには、多少の犠牲が出るのが当然だという見方もあるでしょう。しかし問題は、それをやむを得ないとするか許せないとするかであります。正造は許せないという立場をとり続けました。……抵抗者としての道を歩み続けたために、正造は、常に多数者に対して戦わなければなりませんでした。日本国全体から見れば、足尾鉱毒に苦しめられた渡良瀬川沿岸の被害民は少数者です。ついで、鉱毒防止という美名のもとに抹殺された谷中村民四五〇戸は、渡良瀬川沿岸五〇万人の被害民に比べれば、はるかに少数です。……正造は犠牲をやむを得ないとする立場に立つことはできませんでした。足尾鉱毒事件、とくに谷中村事件は、政治のなかでの少数者の問題を私たちに突きつけてきます［日向一九八一］。

と述べている。

第4節　北海道佐呂間町栃木地区

明治四三年（一九一〇）八月、豪雨が東海・関東・東北地方を襲い、各地に大洪水が発生し、四四万三〇〇〇戸が浸水した。栃木県も大量の雨に見舞われ、宇都宮での観測によれば、ピーク時の午前三時から四時までの間の雨竜は六一ミリグラムに達し、一〇日と一一日の合計一八四ミリグラムであったという。

この豪雨は栃木県下各地に被害をもたらしたが、とりわけ被害が大きかったのは下都賀郡南部と足利の一部、および鬼怒那珂《きぬなか》沿岸で、周辺の大河川が氾濫したため大きな被害となったという。なかでも旧谷中村周辺は六里（約二三・五六キロメートル）四方全部が浸水し、船の上から見えるものはわずかに森林屋根堤塘の頂点の一部のみで、渡良瀬川と利根川の堤防は六か所が決壊、部屋村・生井村・赤麻村・藤岡町・野木町など全て水中に沈んだと報じられた（『下野新聞』明治四三年八月一二・一三日）。

各地で復旧作業が難航するなか、床次《とこなみ》竹二郎地方局長は、

一般罹災民に対する内務相の希望として、この際むしろ内地の移住よりも、断然北海道の新天地を開拓し、永久の幸福を浴すべく、北海道移住を勧誘する方針である。移住者に対しては一戸に

つき一〇町歩の未墾地を無償で授与することはもちろん、移住費や家屋建築費より向こう一か年の衣食費に至るまで全部内務省より支給し、特に団体移住者には移住地において一村落を形成させ、開発の指導者をつけるなど、個別の移住者にあっては到底望み得ない諸種の便宜をも与えるつもりである。

との談話を発表した。

北海道の側でも、本州の水害を移民誘致のチャンスと捉えていた。明治四三年九月八日付『北海タイムス』社説「移民と内地水害」は、

内地の水災は、むろん喜ぶべきことではないが、本道移民の招来にとってはちょうど良いものである。しかも罹災民の禍福を転じることは、決して国家の些事でもない。誠に本道開拓のためには僥倖である。

と論じている。また同日付の『北海タイムス』には河島醇北海道庁長官の談話として、

本道は開けたといっても、十勝をはじめ天塩《てしお》・北見、はたまた釧路・根室・日高など、なお開拓すべきものは全道の半ばに達する。特に天塩と北見は全く未着手、未開墾といって過言ではない。

同地は交通は今なお閉じられているが、富源であり宝庫である。今回の本州における大風水害は、罹災民を本道に移し、一方では安住の地を与え、他方で本道の開拓に資すべき格好の機会である。道庁は罹災民のうち団体移住を行う者に対し特に吏員を派出して便宜を与え、最も有望な場所を選定して貸与する方針である。

と水害を好機として移民を誘致する旨と、天塩北見地方開拓の意向が報じられている。

内務省の方針とリンクしながら、北海道庁は罹災地への北海道移住の勧誘を始めた。道庁は一府一八県に見舞いを送るとともに、罹災民の北海道移住に関し道庁はできるだけの便宜と保護を尽くす旨を通知した。

九月になると床次地方局長が北海道を視察し、

水害地から罹災民を誘導して北海道に移住させることは、罹災民救助の一助となるとともに、北海道移住招来のきっかけともなるから、一挙両得の策である。……移民奨励は国の方針であり、内務省では毎年五〇余万人ずつ増加している人口の移植地として、現在のところ北海道が最も適当な地であるとみている。……役員などが地方を巡回して勧誘しただけではなかなか移住招来の効が挙がらぬ。それより、前から北海道に移住し、土地開墾の実績があり、道内で成功している者が郷里やその付近に行って実況を説くことは甚だ効果があると思われる。

との談話を発表した。

民間レベルでも北海道における有力地方紙『北海タイムス』(『北海道新聞』の前身)記者で栃木県出身の渡辺常次が北海道移住の勧誘を行っていた。渡辺は明治四四年(一九一一)二月から三月にかけて郷里の栃木県を訪れ、まず堀口助治栃木県内務部長・吉屋雄一下都賀郡長らと会談して同地での移民勧誘について協力を依頼し、三月一日午後二時から部屋村役場において水害罹災民に移住勧誘の講演を行った。当日の聴衆は百二十余名で、午後四時半に閉会した。翌二日にも渡辺は藤岡町で移住の勧誘を行っている。渡辺は紙面で北海道民に「北海道の状況と有望を了解され、たぶん効果を奏するであろう」と伝えた。

北海道庁では、河島長官が各府県に対し北海道移住を勧誘する文書を発送したほか、黒金事務官が各水害罹災地を訪れて、移住勧誘に当たった。また道庁は新殖民地区画の実測を行い、明治四四年度に処分すべき新殖民地を、石狩国二か所(この「国」とは、戊辰戦争後に制定された、北海道における地方行政区分である)、後志国七か所、渡島《としま》国五か所、胆振《いぶり》国一三か所、十勝国二一か所、釧路国七か所、北見国三六か所、天塩国一六か所の計一〇か所と定めた。なかでも北見国が三六か所と重点的に割り当てられていたことが注目される。

民間レベルでも、北見地方の有志が東京の新聞記者を同地に招いて、北見の宣伝に努めた。

移住にかかわる費用の補助の件も具体化してきた。内務省では当初五万円を大蔵省に請求していたが、移住希望者が予想以上に多かったために一〇万円を要求、大蔵省で査定の結果、六万円が支給されることになった。移住のための汽車賃も、鉄道院で半額と決定した。

こうして水害罹災者の北海道移住が具体化した。* 彼らは団体単位で北海道各地に移住することになった。

＊なお、田中正造は北海道移住について、「北海道もしくは南洋島に移住させるのを上策というのは、加害者である古河とその一味にとっては頗る便利な案であるが、これは善良なる多数の人民を遠く斥け、再び正当な訴えを起こさせないはかりごとであり、人道および国法および権利生命財産の何たるものかを知らない者の言である」と批判的であった。

また、この北海道移住では、群馬県からも団体移住があった。最も多かったのは鉱毒被害地の邑楽郡団体で、六七戸一八三名が胆振国虻田郡真狩村字シリベツ原野に移住した。次いで多かったのが吾妻郡団体で、一四戸三五名が天塩国中川郡下名寄村オンネナイ原野に移住した［群馬県一九八七］。

栃木団体の移住先は、吉屋下都賀郡長が北海道を訪れて北見国常呂郡サルマベツ原野と決定したものであるが、吉屋郡長は実は現地を見ることなく決めたという（小池喜孝によれば、当時の鉄道の運行状況から、現地視察は日程的に無理であるという［小池一九七二］）。

栃木団体一行は四月七日小山発の列車で北海道移住の途に就いた。途中、青森―函館間の船が火事になったり、函館―札幌間の夜行列車が故障したり、池田―網走間の列車が脱線するなどしながらようやく野付牛までたどり着いた（以下、［佐呂間町史編纂委員会編一九六六年］［佐呂間町史編さん委員会編一九九五年］［佐呂間町開基一〇〇年記念要覧（発行年不明）］［栃木部落市編集委員会編一九八二年］）。

野付牛からの行程について、移民団の責任者として付き添っていた足利市助役大貫権一郎の日誌によれば、

四月一三日　早朝、野付牛発。途中雪解け。泥濘は膝を没する程度に及ぶ。歩行困難。……留辺《るべ》蘂《しべ》、二尺以上の雪で泣き出す者、帰りたいと言い出す人多数。

四月一四日　第四区留辺蘂より約三里は峠。一方山岳、一方渓谷。危険、困難想像外。融雪中の雪路歩行容易ならず。足跡あやまれば、二尺～三尺の雪中に両脚没し、両股にて止まる状況。

（中略）

四月一六日　仮小屋三棟設けた。子どもも勾配《こうばい》につれて転下状態、唖然《あぜん》たり。小屋、雑木林を柱とする。積雪二尺～四尺以上。天然大木、天空を蔽《おお》う。熊笹五尺～六尺茂生して大熊の出没を感じさせる。

四月一七日　学校内に起臥。毛布、蒲団で身を囲うも寒気強く安眠出来ず。

四月一九日　洗顔水、ほとんど氷らんばかりの寒冷。頭髪を洗うも櫛を入れる時、すでに氷とな

る。

（中略）

四月二三日　早朝、引率者は関係書類を団体長に引き渡し、移民に送られ万歳を三唱し別れる。

とある。大貫はここで帰ったが、移民たちの苦労はこれからであった。

栃木団体が移住したサロマベツ原野は、「全く未着手未開墾」の、交通の利便が備わらない「化外《けがい》の域」と評されていた。明治四三年に北海道庁が作成した「北見国網走郡下常呂・サロマペ〔ママ〕ッ殖民地増画図」（北海道立文書館所蔵）によって見ると、この地域はほとんどが草地・笹地・濶葉樹林・針葉樹林からなる未開の原野であった。

入植者たちはまず家族総出で着手小屋と呼ばれる掘立《ほったて》小屋を建て、それから辺り一面を覆う巨木と熊笹の処理に取りかかった。馬も機械も持たない入植者たちは、慣れない人力で一メートル以上の太さの木を切っていった。入植者たちのほとんどは栃木県では兼業農家で、人跡未踏の地に入って開拓するということは全くの素人であった。また開墾のための道具といっても鍬《くわ》・鎌《かま》・鋸《のこぎり》くらいしか持たず、その苦労は並大抵でなかった。

倒木は適当な大きさに切っては、焼いていった。一本を焼き終えるのに三〇日はかかったという。立木を始末したあとは笹焼きであるが、焼け過ぎで跡地が煉瓦化しないように、細心の注意を払って焼くという作業を連日にわたって繰り返した。畑にするには、余分なものを全て焼き払うより方法がなかった。

食事に関しては、麦・馬鈴薯《バレイショ》・南瓜《カボチャ》・玉葱《タマネギ》・蕎麦《ソバ》が主食で、米飯は盆や正月でなければ口にすることができなかったという。

住居も粗末なもので、吹雪の夜は外から吹き込んだ雪が布団の上に二～三寸積もり、目が覚めて驚いたことが再三あったという。

こうした開拓の苦労からであろう、第一次入植者の中から早くも一年目にして二〇戸の離脱者が出た。その穴埋めのため、大正二年（一九一三）四月に瀬下六右衛門（第一次北海道栃木開拓移民団々長）がいったん栃木県に帰県し、移住者を募り、総戸数三二戸の第二次北海道栃木開拓移民団が組織された。彼らの中からも二〇戸の離脱者と八名の除名者が出たが、残った入植者たちが開拓を続けた。また、他県からの入植者もあった。

入植者たちの努力により、サロマベツ原野の栃木地区は徐々に発展した。明治四四年四月、入植者たちが拝受してきた宇都宮の二荒山神社の分霊を祀って、栃木神社が建立された。大正元年（一九一二）には日光山多聞寺が移転された。同年六月には、子弟の教育を憂慮した地区の有志によって、栃木神社拝殿に下佐呂間尋常小学校所属栃木教授所が開設された。その資金は全て地区住民の道路工事出仕によって得られた資金の拠出によるものであった。

栃木地区の人口も大正年間には最高一六〇戸を数えた。地区の戸数動態は次の通りである。

年号	移住	転出	現在数
明治四四年	第一次六六戸	六六戸	六六戸
明治四五年		二〇戸	四六戸
大正二年	第三次三二戸		七六戸
大正三年		二〇戸	五八戸
大正一三年		二一戸	三七戸

とはいえ、彼らには「騙されて連れてこられた」、「しなくてよい苦労をした」という思いが強く、[*]戦前・戦後を通して四回の帰郷運動を起こしている。戦後の帰郷運動の背景には、第一次産業の衰退という事情もあった。

*たとえば移民二世の川島清は「私たちは、物ずきで来たんじゃない。県の命令で来たんだ。金もうけのために来たんじゃない。そりゃあ、五町歩の土地をもらえるという夢もあったろうが、鉱毒がなくなったら帰れるということで来たんだ。だから、県の方に、帰らせろという請願書をおやじたちは三回も出している」と述べている［小池一九七二］。

結局、北海道北見市の高校教諭・小池喜孝氏や栃木県小山市出身の版画家・小口一郎氏らの尽力もあって、昭和四六年（一九七一）に彼らの帰郷請願が認められ、六戸の栃木出身者が母県に戻った［渡良瀬川鉱毒シンポジウム刊行会一九七四］。そこでも苦労はしたようである。

他方、かつて栃木県内で宇都宮に次ぐ第二位の人口数で繁栄を誇った足尾町も、昭和四八年二月の足尾銅山の閉山とともに衰退し、平成一八年（二〇〇六）三月に閉町（明治四〇年に三万四八二四人、大正元年に三万八四二八人だった足尾町の人口は、平成一五年には三五二一人に落ち込んだ）、日光市となった［足尾町役場企画課編二〇〇六］。

第5節　治水と自然

あくまでも谷中村廃村に反対を叫び、闘い続ける田中に人々は背を向け、かつての同志たちも彼のもとを去っていった。田中を最後まで支援し続けた数少ない一人である福田英子は、

近年の翁の境遇は実に哀れなものでありました。長い間には、いくら同情のあった人でも、ないない持て余していたような人も少なくなかったようです。晩年の、この寄る辺ない翁を、心から歓迎したと言い得る家は、この広い東京に何件ありましたろうか。……ある昔なじみの弁護士さんの家などでは、翁がわざわざご老体を運んでいらっしゃったのに、逢っても下されず、お待ちしていれば、お昼時になってもご飯さえも食べさせてくださらない家がありました［柴田一九一三］。

と述べている。

晩年の田中について、次のようなエピソードが残っている。明治四四年、佐野町春日岡山惣宗寺で、田中の代議士時代に参謀役を務めていた矢部五州の追悼会があった。地元の人々が集まっただけでなく、東京からも名士が駆けつけ、盛会となった。田中もこれに出席していたが、昼食時になっても、地元の人々は田中に食事を出さなかったという。東京の人たちが見かねて、別室で僧侶と一緒に食事をさせた。そのうち田中は一番先に一人でとぼとぼ帰っていったという（江森泰吉の談話［柴田一九一三］）。

田中自身も孤独を感じていた。明治三二年三月の日記に「正造の信用、沿岸で最も少ない、国家全体よりも少ない」と記し、大正元年一二月の日記では、

按摩《あんま》は足をさするので賤しまれる。医師は賤しまれない。人は人に近づくほど賤しまれる。医師も按摩も必要は一緒である。正造も人に近づくことが多いため、賤しまれる。人が正造を見ることと、按摩を見る如し。

と記している。*

*現在でも地元の人々からの田中への悪評、たとえば補償金を一銭でも多く取るようにしなかったと田中を罵倒する地元の人々の声や、鉱毒運動に尽力した人たちに対する痛罵は［佐江一九八〇］に詳しい。

こうした孤独の中、田中は宗教に傾斜していく。

荒畑寒村は、

何しろ村民が離れていくんですね。……田中さんについて行けないって面もあったんですよ。……離れていく、それをまた田中さんが非常に嫉妬するんですねえ、だからなお離れていく。……ですから、これは私のひとり合点ですが、逆に淋しい感じもあったんじゃないかと思いますね。それが一つは宗教的に傾いていくもとにもなったんじゃないかと思いますけど〔荒畑一九七六〕。

22　荒畑寒村（晩年の写真）〔国立国会図書館蔵〕

と述べている。田中は「聖書の研究」や岡田式静坐法に取り組んだ。

その一方、田中は谷中残留民と暮らし、政府との闘いを続ける中で思想的境地を高めていった。木下尚江は、

世間に残っている翁は、直訴の翁だ。しかし、直訴は翁の窒息だ。翁の本来の真面目は、その後、年が進むともにますます深く磨かれて、七十三歳、「悪魔を退ける力なきは、その身また悪魔な

ればなり」この一語を喝破して、日の如く、厳かに麗らかに、最後の呼吸を結んだ時、予言者の使命は成就した［木下一九一三］。

と、谷中残留民と暮らした田中の最後の一〇年間の思想的価値を述べている。

足尾鉱毒問題に生涯を捧げた田中について、黒澤酉藏は、

一時の激情に駆られてどうこうするのはたやすいことですが、これを持続するのはほとんど不可能に近い。それを田中先生は、十年一日の如く、議会の中で十一年、野にあっても十三年間、ただひたすら、闘い続けられました。

と述べている。

田中自身、

人生は一生に一度一大事業に当たれば足りる［明治三一年四月の書簡］。

日本人の癖として、古くなれば飽きるということがあるが、政治上の問題においては決してそのようなことがあってはならない［明治三一年一二月の議会演説］。

と述べている。

一つの事業にかける中で、田中は新しい思想的境地に達した。哲学者の花崎皋平は、田中の思想形成過程について、

同様類似の現実把握の繰り返しが理念の現実化およびその逆の現実の理念化へと導かれていき、質的飛躍に至る。……正造のように、思想形成においても、自分で材料を仕込み、熟成させる手作りの方法を取る人にとっては、その都度焦点になる事柄に既往の経験と施策の全てが投入され、凝縮される。

と指摘している［花崎一九八四］。

田中は明治四四年五月の日記に「進歩は芋を洗う如し。同様類似の古い話を何回も何回も繰り返しているると、自然に真理に達するものである。まことに芋を洗うが如し」と記している。一つの事業にこだわることは彼の性格であった。

足尾鉱毒問題という一つの事業にこだわるなかで、田中は「共生の思想」という思想的境地に達する。その萌芽は天皇直訴事件の後あたりからあらわれる。明治三五年（一九〇二）七月に執筆した「足尾銅山鉱業停止請願書」は、

自然の天候という大勢力に対しては、いかなる人工も対抗できないことは争いようのない事実である。狡智で一時を瞞着しても、限りある区々たる人智をもって天然が作った無形の大勢力を欺くことはできない。これに反抗し、これに勝とうとするのは姑息であり、狡猾というべきである。天然に勝つことはできない。真正の人道は地勢とともに存在すべきである。

という。

さらに谷中入り後、谷中村復活のため治水調査を行うことで、田中の自然観と治水への見識は深まった。小松裕によれば、田中の治水論の特色は、①水害の激化は自然災害でなく、「人造洪水」であるとしていること、②治水は「西洋式」でなく、「日本の地形、風土による治水」であるべきとしていること、③「西洋式」の治水は堤防万能主義であるが、これに対し伝統的な「水系一貫の思想」にもとづく低水法を提唱していること、④「治水とは流水を治めることでなく、水理を治めることである」としていることであるという［小松二〇〇一］。

田中によれば、治水とは治山であり、山を荒らしたことが水害の原因である。

山を治めずして川を治めるものは、人として口に毒および汚物を大食して、身体を壊してから、手を洗い、口をすすいで、それを衛生というようなものである［大正二年七月の日記］。

治水は地形、風土によるべきである。

調査会の欠点。地理、地勢、地形、気候の風土を欠き、また鉱業と山林、田畑、国法、法律、経済、政治の大要を欠いている。ゆえに昨年の暴風雨を忘れている［明治三六年一〇月の日記］。古の治水は地勢による。あたかも山水の画を見る如し。山間の低地に流水あり。天然の形成に背かず。……今の治水はこれに反し、山にも丘にも頓着なく、地勢も天然も度外視して、真っ直ぐに直角に造る。これ造るのであり、治水を造るものである。治水は造るものにあらず。治とは自然を意味し、水は低い地勢による［明治四四年八月の日記］。

それゆえ治水は西洋式の堤防主義によるのでなく、低水法により水の流れに任すべきである。

四面を堤防で固めて水を治めようとすれば、かえって決壊するであろう。よろしく地勢により流勢を順ならしめるにしかず［明治三六年九月の日記］。

流水は流水である。平地にとどまることなく、流水は昼夜兼行で進む。渡良瀬川下流地に流水の休泊所たる貯水遊水の必要なし［明治四四年「建白書の一」］。

およそ治水は流水の心をもってするものである。雨水が山から出て海湾に行く道程において流水は自ら選んで必ず低地に赴く。これが水の心である。／もし山を切り高台を切断すれば、水理に背き、影響を諸方面に及ぼすこと必至である。しかも古来の住民がいれば、彼らの居住や生計に意外の関係を及ぼし、無益有害の影響を与える。／治水は地勢に従うことを順法とする。……もしこれに反すれば、天理に反し、人道に反す。その結果は、我々の町村をして新災害地たらしめ、古村を潰すことになる。我々は絶対的反対を唱道する［明治四五年二月の日記］。

根本的治水策とは何か。それは、山を治めて水源を涵養するとともに、流水を海洋に注ぐことである。

根本的治水策とは何か。水量の増進に先んじようとする愚をやめて、水量の減退をはかることである。換言すれば水源の涵養と水流の停滞を助けるものを一掃することである［明治四〇年「一府五県五州の大河川に関して栃木県民に告ぐ」］。

利根川と渡良瀬川の水源を治めて、流水を海洋に注ぐことは治水の急務である。ところが山林水源の樹木を濫伐し、鉱山採掘を濫許し、山岳の崩落に努め、下流の田畝と民屋の荒廃に努め、しかも名を治水に借りて東京以北埼玉、群馬、栃木、茨城の土地を滅亡させ、なお千葉東北、東京府の一部を水毒に苦しめようとする。これいかなる経済、いかなる法律、いかなる行政によるか［明治四一年七月の日記］。

田中は治水にも、政治と同様、公平であることを求める。

甲を利して乙に移すのは悪い。甲も利し、乙も利するのを治水という［明治四二年一一月の日記］。

人を殺せば人殺しなり。人を殺して治水と言ってはならない。国家のため、国家のためと唱えて、山林を盗み、山を盗み、洪水を出し、村を流し、村を潰し、古にない大毒海を造り、それによって窮民を造り、多くの人を殺す。……これを国家の公益とすれば、盗賊は国家のためなり、国民を殺すは公益なりとなる［明治四三年一〇月の日記］。

田中は谷中を救うため治水調査に奔走しながらも、一抹の寂しさや虚しさを感じてもいたようである。明治四四年九月の日記に「老いたる古き昔の政治家、河川を視察して材料を集めて、後人の参考とする。後人必ずしも参考とせず」とある。

それでも田中は治水調査をやめなかった。後世への肥やしにでもなればと考えていたようである。

失敗を失敗とせず、これを研究の途中とすれば、百折不撓、終生同一の事業を学んで倦まないはずである。ついにはその道に熟達するだろう。……身は死すとも精神は百代に達するものである。

……しかし、無能不才と病がある。この人々は他人の肥料となることを恥ずべきでない。急ぐべし。……他人を肥やし、肥やして実を多く結ばせよ。実が多いのは肥料のおかげである。身を変じて肥料となり、後の世のためになるべし［明治四三年一二月の日記］。

ところで、田中は谷中残留民と暮らすなかで、彼らから彼らの生き方を学んだ。

我、六か年にわたって谷中に居る。未だ何事も得るところがないように見える。しかし、それは大きな誤りである。嗚呼《ああ》、この谷中の人々たるや、人民は太古の人のようである、また小児のようである。呑み、かつ食えば満足する。呑むのは自分の家の井水である。食べるのは自分で耕したものを食べる。誠に天然の楽しみのみ［明治四二年八月の日記］。

田中は、無欲で自給自足の生活に満足している残留民の姿に感動している。彼は虚飾を捨て、自然と共に生きることの素晴らしさを感じるようになる。

ああうれしい、我は虚位ということを悟った。今ようやくこれを自得した……嬉しいことである［明治四二年九月の日記］。

田中は自然の偉大さと人智の浅はかさを考えるようになる。

山河の寿命自然の復活力

三五、六か年の以前に復すを難しと言うなかれ、山河川は無限の寿命あり、この長き命数よりすれば、三、四〇年は山河川の一瞬時に過ぎず、これ一瞬時の事業に過ぎない。何の難きことがあろうか。国民はこれを要求する権利あり〔明治四三年一月「鉱業停止憲法擁護三県県会の決議に対する陳情書」〕。

山や河川の寿命は、万億の長き生命なり。ゆえに今渡良瀬川を五〇年六〇年の以前に戻すことは、山河の寿命よりすれば誠に一朝の回復のみ。人の寿命は五、六〇年である。人の生命は短かい。その短き生命より割り出す人の事業は、その生命もまた甚だ短いものである。……この短い程度の人智人情と都合とが勝手に山河を動かす、よろしくない。……水は神の如し。人として水を論じ水より受くる幸いを得んとせば、人民先ず水の如き平かなる心なかるべからず〔明治四三年「議会提出請願書の趣旨」〕。

偉大な自然に浅はかな人智を加えるべきでない。

水を治めるものは、心また水のごとくならざるべからず……この際における障害物たる彼の党派的感情ならびに官民の小反目のごときは何等の価値なきのみか、いたずらに大事を解決する好機を失わせるのみである〔明治四三年八月「洪水は七分人為なり」〕。

人智への批判は、次のような痛烈な文明への批判となる。

世界人類の多くハ、今や機械文明と云ふものニ噛ニ殺さる。文明ハ汝ぢを食ふの悪器たり〔明治四四年八月の日記〕。

野蛮にして野蛮の行動をなすは可である。文明の力、文明の利器をもって野蛮の行動をなすと、その害は深刻である。ゆえに野蛮の害は小であり、文明の害は大である〔明治四五年一月の日記〕。

しかも、文明が自然を破壊し、人の生命を苛んでいるのは、ひとり日本だけの問題ではない。世界の共通の問題である。

国民自ら自国を亡ぼす。……山を掘り、崩し、自然の面積を危うくする。これ世界の問題なり。世界に鉱山はある。地方を害す。これ一国の問題にあらず〔明治四三年八月の日記〕。

人間は自然の一部であることを自覚し、自然と共に生きるべきである。晩年の田中が到達した「共生の思想」である。

人ハ万事の霊でなくてもよろし、万物の奴隷でもよし、万物の奉公人でもよし、小使でよし。人ハ只万事万物の中ニ居るものニて、人の尊きハ万事万物ニ反きそこなわず、元気正しく孤立せざるにあり。……人必ずしも万物の霊でなくで〔て〕よろし。万物の奴隷でもよろし。奉公人よろし。大将小使もよろし。正直なれバ馬でも鹿でもよろし。人ハ万物の中ニ雑居し明よく万事を写し、和して万事ニ反かず、其身のあやまちを改め、人の万事の罪をすくい、其身の元気を明ニしめして発〔働〕らき、誠を推して孤立せず、即ち霊たるニ近かし［明治四四年五月の日記］。

今朝、飯の善のほとりに一匹の虫が這い来たる。私は扇でこれを払う。虫死す。私は大いに自分の残忍の心を恐れ、久しく悔いた。しばらくすると、虫が気を取り戻し、這いだす。私の喜びひとかたならず。……嗚呼、天地の間に虫も我も均しく生を天地に受け、神の霊によって心の働きあるものなり［明治四四年八月の日記］。

真の文明は山を荒らさず、川を荒らさず、村を破らず、人を殺さざるべし。……今の文明は虚偽虚飾なり、私欲なり。露骨な強盗である［明治四五年六月の日記］。

田中は足尾鉱毒問題という一つの問題に取り組み続けることで、このような思想的境地に到達したのであった。

第6節　臨　終

谷中村復活と治水調査に東奔西走していた田中は、大正二年（一九一三）八月三日、他家の庭先（栃木県足利郡吾妻村下羽田の庭田清四郎宅）で倒れた。そのまま同家内に運ばれ、病床の人となった。

田中の病床には多くの見舞客が訪れたが、田中は「こんなに来てもらっても、嬉しくない」と大喝したそうである。彼は病床で、

お前方多勢来ているそうだが、嬉しくも何ともない。みんな正造に同情するばかりで、正造の事業に同情している者は一人もない。おれは嬉しくも何ともない、行ってみんなにそう言え。同情ということにも二つある田中正造への同情と、正造の問題への同情とは分けて考えなければならない。皆さんのは正造への同情で、問題への同情ではない。問題という点から考えれば、ここも敵地だ。

と述べたという。そして、「谷中へ行く、谷中へ行くと言って、首を振ったり、手をもがいたりしな

がら、早く谷中へ知らせろ、担架で運ばせろ」と責め立てたという［島田一九七二］。田中は谷中村復活という彼の事業への理解を欲していたのであり、それへの理解者がいないことに怒っていたのである。

結局、田中は、病床から起き上がることはかなわなかった。八月二二日の夜半、忽然《こつぜん》と床上に起き、「現在を救え」「ありのままを救え」と大声で叫んだという。二四日の夜にはスイカの絞り汁を口にし、「今日のスイカは実にうまい。一生の身より（思い出）にババア（カツ夫人のこと）にも一つやってくれないか」と言って、嬉しそうに笑ったそうである。九月三日の夕方、田中はワインを水で薄めたもの一合弱を一息に飲み、木下に「もうよかろう。あとは明朝の楽しみにするがよい」と言われ、残り惜しそうな顔をした。少したって台所で味噌汁のできた気配を察し、それを所望し、大根の味噌汁を口にした。田中は「うまい、うまい、これは身体の具合がよいのだろうか」と喜んだが、間もなくすべて吐いてしまった。九月四日朝、枕に頭をつけたまま「これからの、日本の乱れ」と独語したという。正午近くになって、床の上に端然《たんぜん》と座り、大きな呼吸を一〇回ほどして、最後に長く息を吐いた（木下尚江による。島田宗三によれば、田中は痰を吐こうとあがいており、大きく息をはいたとき、そのまま呼吸を止めたという）。傍らで団扇《うちわ》をあおいでいたかつ子夫人が「お仕舞いになりました」と告げた。死因は胃がんなどであったという。享年七三。

遺品は菅笠と合切袋。袋の中には河川調査の草稿、新約聖書、鼻紙数枚、採取した川海苔、小石三個（晩年の田中は小石を集めることを趣味としていた）、帝国憲法とマタイ伝の合本一冊、日記三冊

23　田中正造の遺品（下段中央が帝国憲法とマタイ伝の合本）〔佐野市郷土博物館蔵〕

が入っていた。これが田中の全財産であった。

九月六日に雲龍寺で密葬、一〇月一二日に惣宗寺で本葬が営まれた。参列者は数万人ともいわれる。遺骨は彼を慕う人々の要望で、鉱毒被害地の六か所に分骨された。あの世で田中は何と思ったであろうか。

24　雲龍寺にある田中正造の墓（正面）と救現堂（右）

25　田中霊祀（田中の遺骨は 6 か所に分割されたが，そのうち，田中が最後まで戻りたがった谷中村に最も近い分骨地）

26　藤岡町総合文化センター入口付近の田中正造像（見つめる先に谷中村と渡良瀬遊水地がある）

参考文献

○史料集

『田中正造全集』（一九七七〜八〇年）全一九巻・別巻、岩波書店
由井正臣・小松裕編（二〇〇〇年）『亡国への抗論――田中正造未発表書簡集――』岩波書店
内水護編（一九七一年）『資料足尾鉱毒事件』亜紀書房
神岡浪子編（一九七一年）『資料・近代日本の公害』新人物往来社
東海林吉郎・布川了編（一九七七年）『亡国の惨状［復刻版］』伝統と現代社
前澤敏翻刻（一九七二年）『校註・足尾鉱毒事件史料集――田中正造翁をめぐる人々の手控え――』大沢書店（非売品）

○自治体史など

栃木県史編さん委員会（一九七八年）『栃木県史　史料編・近世七』栃木県
栃木県史編さん委員会（一九八〇年）『栃木県史　史料編・近現代九（足尾）』栃木県
栃木県史編さん委員会（一九八四年）『栃木県史　通史編5・近世二』栃木県
栃木県史編さん委員会（一九八四年）『栃木県史　通史編8・近現代三』栃木県
足尾町役場企画課編（二〇〇六年）『足尾町閉町記念・足尾博物誌』足尾町
足利市史編さん委員会（一九七七年）『近代足利市史』第一巻、足利市
足利市史編さん委員会（一九七六年）『近代足利市史』別巻・史料鉱毒、足利市
佐野市史編さん委員会（一九七六年）『佐野市史　資料編』第三巻、佐野市
佐野市史編さん委員会（一九七九年）『佐野市史　通史編』下巻、佐野市

群馬県史編さん委員会（一九八〇年）『群馬県史　資料編・近代現代4』群馬県
群馬県史編さん委員会（一九八七年）『群馬県史　資料編・近代現代5』群馬県
群馬県史編さん委員会（一九九一年）『群馬県史　通史編7・近代現代1』群馬県
板倉町史編さん室（一九七七年）『板倉町史　別巻一　資料編・足尾鉱毒事件』板倉町（非売品）
館林市史編さん委員会（二〇一〇年）『館林市史　資料編6・近現代Ⅱ――鉱毒事件と戦争の記録――』館林市
館林市立図書館編（一九七二年）『館林双書』第二巻、館林市立図書館（非売品）
埼玉県（一九八二年）『新編埼玉県史　資料編　近代・現代5』埼玉県
埼玉県（一九八八年）『新編埼玉県史　通史編5　近代1』埼玉県
鹿角市（一九九一年）『鹿角市史』第三巻・上、鹿角市
『古河市兵衛翁伝』（一九二六年）五日会（非売品）
『古河潤吉君伝』（一九二六年）五日会（非売品）
木村幸次郎（一九三七年）『木村長兵衛伝』（非売品）
古河鉱業株式会社（一九七六年）『古河鉱業株式会社創業一〇〇年史』古河鉱業株式会社
渡良瀬遊水地成立史編纂委員会編（二〇〇六年）『渡良瀬遊水地成立史』史料編・通史編、国土交通省関東地方整備局利根川上流河川事務所
佐呂間町史編纂委員会編（一九六六年）『佐呂間町史』佐呂間町役場
佐呂間町史編さん委員会編（一九九五年）『さろま物語　開基百年小史』佐呂間町
佐呂間町開基一〇〇年記念要覧（発行年不明）『開拓四代　暮らしの歴史館』北海道佐呂間町（非売品）
栃木部落市編集委員会編（一九八二年）『栃木のあゆみ』佐呂間町

○著　書

赤上　剛（二〇一四年）『田中正造とその周辺』随想舎
雨貝行麿（一九九九年）『真理への途上――苦渋に満ちた生涯――』近代文芸社
雨宮義人（一九五四年）『田中正造の人と生涯』茗渓堂
荒畑寒村（一九九九年）『谷中村滅亡史』岩波書店
井上徹英（一九九一年）『島田三郎と近代日本――孤高の自由主義者――』明石書店
色川大吉（一九八一年）『自由民権』岩波書店
上山春平（一九六五年）『日本の土着思想――独想的なリベラルとラディカル――』弘文堂
大石嘉一郎（一九六一年）『日本地方財行政史序説――自由民権運動と地方自治制――』御茶の水書房
大石　真（一九七一年）『たたかいの人――田中正造――』フレーベル館
大久保利謙編（一九七二年）『森有礼全集』第一巻、宣文堂書店
大澤明男（二〇一二年）『評伝・田中正造』幹書房
大鹿　卓（一九七二年）『渡良瀬川』新泉社
大鹿　卓（一九七二年）『谷中村事件――ある野人の記録――』新泉社
大竹庸悦（二〇〇二年）『内村鑑三と田中正造』流通経済大学出版会
大場美夜子（一九六九年）『残照の中で』永田書房
大八賀道生（一九九二年）『鉱毒哀歌――生きぬく農民達――』オリジン出版センター
小野崎敏編著（二〇〇六年）『小野崎一徳写真帖・足尾銅山』新樹社
鹿野政直編（一九七四年）『足尾鉱毒事件研究』三一書房
上笙一郎（一九八一年）『渡良瀬川の叫び――田中正造の生涯――』吉野教育図書
加茂利男・大西仁・石田徹・伊藤恭彦（二〇〇三年）『現代政治学［新版］』有斐閣

刈部直・宇野重規・中本義彦編（二〇一一年）『政治学をつかむ』有斐閣
亀掛川浩（一九七七年）『自治五十年史――制度篇――』文生書院（復刻版、原版は一九四〇年）
木下尚江編（一九二八年）『田中正造之生涯』国民図書株式会社
木下尚江（一九七二年）『足尾鉱毒問題』『木下尚江著作集』第一巻、明治文献
木下尚江（一九七一年）『田中正造翁』『木下尚江著作集』第一三巻、明治文献
工藤栄一（一九七二年）『社会運動とキリスト教――天皇制・部落差別・鉱毒との闘い――』日本ＹＭＣＡ同盟出版部
小池喜孝（一九七二年）『谷中から来た人たち――足尾鉱毒移民と田中正造――』新人物往来社
小松　裕（一九九五年）『田中正造――二一世紀への思想人――』筑摩書房（のちに『田中正造――未来を紡ぐ思想人――』岩波書店、二〇一三年に改題）
小松　裕（二〇〇一年）『田中正造の近代』現代企画室
小松　裕（二〇一一年）『真の文明は人を殺さず――田中正造の言葉に学ぶ明日の日本――』小学館
小松裕・金泰昌編（二〇一〇年）『公共する人間4　田中正造――生涯を公共に捧げた行動する思想人――』東京大学出版会
斉藤英子編（一九七七～八八年）『菊地茂著作集』全四巻、早稲田大学出版部
佐江衆一（一九八〇年）『洪水を歩む――田中正造の現在――』朝日新聞社
早乙女伸（二〇〇一年）『世界で初めて公害に挑んだ男』東京図書出版界
佐々木信綱（一九六一年）『明治大正昭和の人々』新樹社
柴田三郎（一九一三年）『義人田中正造――奇行及逸話――』敬文館
渋沢栄一（一九六八年）『雨夜譚』『渋沢栄一伝記資料　別巻第五　講演・談話（一）』渋沢青淵記念財団龍門社
島田宗三（一九七二年）『田中正造翁余録』上・下巻、三一書房

下野新聞社編（二〇〇八年）『予は下野の百姓なり――田中正造と足尾鉱毒事件　新聞でみる公害の原点――』下野新聞社
下野新聞社編（二〇一〇年）『田中正造物語』随想舎
下野新聞社史編さん室編（一九八四年）『下野新聞百年史』下野新聞社
下山二郎（一九九一年）『鉱毒非命――田中正造の生涯――』国書刊行会
下山二郎（一九九四年）『足尾鉱毒と人間群像』国書刊行会
東海林吉郎（一九七四年）『歴史よ人民のために歩め――田中正造の思想と行動1――』太平出版社
東海林吉郎・菅井益郎（一九八四年）『通史・足尾鉱毒事件 1877～1984』新曜社
城山三郎（一九七九年）『辛酸――田中正造と足尾鉱毒事件――』角川書店
杉浦茂樹（二〇一五年）『足尾鉱毒事件と渡良瀬川』新公論社
須田　努（二〇〇二年）『「悪党」の一九世紀――民衆運動の変質と〝近代移行期〟――』青木書店
須田努編（二〇一〇年）『逸脱する百姓――菅野八郎からみる一九世紀の社会――』東京堂出版
ケネス・ストロング著／川端康雄・佐野正信訳（一九八七年）『田中正造伝――嵐に立ち向かう雄牛――』晶文社
（原著 Kenneth Strong, *Ox against the storm : a biography of Tanaka Shozo: Japan's conservationist pioneer*, Tenterden, England : Paul Norbury Publications, 1977.）
砂川幸雄（二〇〇一年）『運鈍根の男――古河市兵衛の生涯――』晶文社
砂川幸雄（二〇〇四年）『直訴は必要だったのか――足尾鉱毒事件の真実――』勉誠出版
高橋鉄太郎（一九一三年）『義人田中正造』有朋館
高橋昌郎（一九八八年）『島田三郎伝』まほろば書房
竹越与三郎（二〇〇五年）『新日本史』上・中巻、岩波書店
武田晴人（一九八七年）『日本産銅業史』東京大学出版会

立松和平（二〇〇一年）『毒――風聞・田中正造――』河出書房新社
田中　浩（一九九三年）『近代日本と自由主義』岩波書店
田村紀雄（一九七三年）『鉱毒――渡良瀬農民の苦闘――』新人物往来社
田村紀雄（一九七五年）『鉱毒農民物語』朝日新聞社
田村紀雄（一九七七年）『渡良瀬の思想史――住民運動の原型と展開――』風媒社
田村紀雄（一九八一年）『明治両毛の山鳴り――民衆言論の社会史――』百人社
田村紀雄（一九九八年）『田中正造をめぐる言論思想――足尾鉱毒問題の情報化プロセス――』社会評論社
田村紀雄（二〇〇〇年）『川俣事件――足尾鉱毒をめぐる渡良瀬沿岸誌――』社会評論社
田村紀雄編（一九八七年）『私にとっての田中正造』総合労働研究所
田村紀雄・志村章子共編（一九九八年）『語りつぐ田中正造――先駆のエコロジスト――〔増補改訂版〕』社会評論社
手塚鼎一郎（一九三五年）『栃木県政友会史』立憲政友会栃木県支部
内藤正中（一九六四年）『自由民権運動の研究』青木書店
中込道夫（一九七二年）『田中正造と近代思想』現代評論社
永島与八（一九七一年）『鉱毒事件の真相と田中正造翁』明治文献（原著は佐野組合基督協会、一九三八年）
長野精一（一九八一年）『怒濤と深淵――田中正造・新井奥邃頌――』法律文化社
永山博之・富崎隆・青木一益・真下英二（二〇一六年）『政治学への扉』一芸社
萩原進（一九七二年）『足尾鉱毒事件』上毛新聞社
花崎皋平（一九八四年）『生きる場の風景――その継承と創造――』朝日新聞社
花崎皋平（二〇一〇年）『田中正造と民衆思想の継承』七つ森書館
塙　和也（二〇〇八年）『鉱毒に消えた谷中村』随想舎
林えいだい（一九七二年）『望郷――鉱毒は消えず――』亜紀書房

林　竹二（一九七六年）『田中正造の生涯』講談社
林　竹二（一九七七年）『田中正造――その生と戦いの「根本義」――』田畑書店
日向　康（一九七八・一九七九年）『果てなき旅』上・下巻、福音館書店
日向　康（一九八一年）『田中正造ノート』田畑書店
日向　康（二〇〇三年）『田中正造を追う――その〝生〟と周辺――』岩波書店
広瀬　武（二〇〇一年）『公害の原点を後世に――入門・足尾鉱毒事件――』随想舎
広瀬　武（二〇〇九年）『手作りの学び舎――NPO法人足尾鉱毒事件田中正造記念館のめざすもの――』随想舎
布川清司（一九九七年）『田中正造』清水書院
布川　了（二〇〇一年）『田中正造と天皇直訴事件』随想舎
布川　了（二〇〇四年）『田中正造と利根・渡良瀬の流れ――それぞれの東流・東遷史――』随想舎
布川　了（二〇一一年）『田中正造　たたかいの臨終〔増補版〕』随想舎
布川了・文／堀内洋助・写真（二〇〇九年）『改訂　田中正造と足尾鉱毒事件を歩く』随想舎
藤田武夫編（一九六一年）『地方自治体の歴史』三一書房
藤田武夫（一九八七年）『日本地方財政の歴史と課題』同文館
法政平和大学（一九九一年）『田中正造と足尾鉱毒問題を考える』オリジン出版センター
牧原憲夫（一九九八年）『客分と国民のあいだ――近代民衆の政治意識――』吉川弘文館
牧原憲夫（二〇〇六年）『民権と憲法』岩波書店
三浦佐久子（二〇〇四年）『足尾万華鏡――銅山町を彩った暮らしと文化――』随想舎
三宅雪嶺（一九五〇年）『同時代史』第三巻、岩波書店
水樹涼子（二〇一二年）『岸辺に生う――人間・田中正造の生と死――』随想舎
満江　巌（一九九八年）『愛の人　田中正造』藍企画

村上安正（一九八〇年）『足尾に生きたひとびと――語りつぐ民衆の歴史――』随想舎
村上安正（二〇〇六年）『足尾銅山史』随想舎
村上安正・著／神山勝三・写真（一九九八年）『銅山の町　足尾を歩く――足尾の産業遺産を訪ねて――』随想舎
森長英三郎（一九八二年）『足尾鉱毒事件』上・下巻、日本評論社
テッサ・モーリス―スズキ著／伊藤茂訳（二〇〇七年）『愛国心を考える』岩波書店
ジョージ・L・モッセ著／佐藤卓己・佐藤八寿子訳（一九九五年）『大衆の国民化――ナチズムに至る政治シンボルと大衆文化――』柏書房
谷中村と茂呂近助を語る会編（二〇〇一年）『谷中村村長　茂呂近助――末裔たちの足尾鉱毒事件――』随想舎
山岸一平（一九七六年）『死なば死ね殺さば殺せ――田中正造のもう一つの闘い――』講談社
山菅輿一郎（一九二一年）『義人田中正造翁之半面』水郷学会
山田公平（一九九一年）『近代日本の国民国家と地方自治』名古屋大学出版会
山本武利（一九八六年）『公害報道の原点――田中正造と世論形成――』御茶の水書房
山本博文ほか（二〇〇八年）『こんなに変わった歴史教科書』新潮社
由井正臣（一九八四年）『田中正造』岩波書店
渡辺幾治郎（一九四四年）『明治史研究』共立出版株式会社
渡良瀬川鉱毒シンポジウム刊行会編（一九七四年）『現代における足尾鉱毒の全容』発行所無記載（非売品）
渡良瀬川鉱毒シンポジウム刊行会（一九七六年）『足尾銅山鉱毒事件　虚構と真実』渡良瀬川鉱毒シンポジウム刊行会
渡良瀬遊水地アクリメーション振興財団編（二〇一二年）『渡良瀬遊水地――生い立ちから現状――』渡良瀬遊水地アクリメーション振興財団
Stolz, Robert,（2014）*Bad Water: Nature, Pollution & Politics in Japan, 1870–1950*. Duke University Press: Durham and London.

○論文など

荒畑寒村（一九七六年）「土から生れた思想家」『季刊田中正造研究』第二号、伝統と現代社
飯田　進（一九八二・一九八三年）「史料・野村本之助「田中正造君と私」草稿」『田中正造と足尾鉱毒事件研究』第五号・第六号、伝統と現代社
家永三郎（一九七八年）「日本国憲法理念の先駆」『田中正造全集月報』第九号
五十嵐暁郎（一九八〇年）「足尾鉱毒運動と転向——左部彦次郎の生涯——」『田中正造と足尾鉱毒事件研究』第三号、伝統と現代社
石井清蔵（一九七一年）「義人田中翁と北川辺」神岡浪子編『資料・近代日本の公害』新人物往来社
稲田雅洋（二〇一〇年）「自由民権家・田中正造」『田中正造と足尾鉱毒事件研究』第一六号、随想舎
稲葉光圀（一九七八年）「『六角家事件』について」『栃木史心会報』第九号
稲葉光圀（一九七九年）「田中正造の民権思想形成の特質——六角家騒動をめぐって」『田中正造と足尾鉱毒事件研究』第二号、随想舎
宇井純一（一九七六年）「田中正造研究の今日的意義」『季刊田中正造研究』第一号、伝統と現代社
大島太郎（一九五八年）「地方制度（法体制準備期）」『講座　日本近代法発達史』第五巻、勁草書房
小田中聡樹（一九六九年）「足尾鉱毒凶徒聚衆事件」我妻栄編『日本政治裁判史録　明治・後』第一法規出版株式会社
鹿野政直（一九六九年）「維新への序曲」『日本の思想20　幕末思想集』筑摩書房
鹿野政直（二〇〇八年）「田中正造（一）人民国家の構想」『鹿野政直思想史論集』第六巻、岩波書店（原著は『展望』第一一四号、一九六八年九月）
上山春平（一九六六年）「解説」『近代日本の名著10　日本のナショナリズム』徳間書店

工藤栄一（一九八〇年）「史料・鉱毒事件ニ関スル学生路傍演説一件」『田中正造と足尾鉱毒事件研究』第三号、随想舎
小松隆二（一九八八年）「『義人田中正造翁』の著者柴田三郎の足跡——田中正造研究余滴——」『田中正造と足尾鉱毒事件研究』第七号、論創社
佐藤能丸（一九七九年）「田中正造と国粋主義者」『田中正造全集月報』第一六号
島田三郎（一九八九年a）「『田中正造翁』（木下尚江著）を読む」「田中正造伝」『島田三郎全集』第七巻、龍渓書舎
島田三郎（一九八九年b）「田中正造翁小伝」『島田三郎全集』第七巻、龍渓書舎
東海林吉郎（一九七八年）「足尾銅山鉱毒事件における直訴の位相——戦略構想としての直訴の浮上と『石川半山日記』にみるその展開——」『田中正造と足尾鉱毒事件研究』第一号
東海林吉郎（一九八〇年）「魚類における鉱毒被害の深化過程」『田中正造と足尾鉱毒事件研究』第三号、随想舎
菅井益郎（一九七六年）「足尾と別子における鉱毒事件「処分」」『季刊田中正造研究』第二号、伝統と現代社
隅谷三喜男（一九七九年）「鉱毒問題と社会主義運動との交錯」『田中正造全集月報』第一四号
高木　潔（一九七四年）「銅と日本資本主義」鹿野政直編『足尾鉱毒事件研究』三一書房
竹内良知（一九八〇年）「「今日ハ今日主義」に思う」『田中正造全集月報』第一八号
田村秀明（一九八九年）「正造の名主就任」『田中正造と足尾鉱毒事件研究』第八号、論創社
長瀬欣男（一九七七・一九七九年）「足尾鉱毒事件と武藤金吉——田中正造と原敬の間にいる人物——（上）（中）」『季刊田中正造研究』第六号・第八号、伝統と現代社
F・G・ノートフェルファー（一九八一年）「田中正造の精神は渡良瀬河岸とともに生きている」『田中正造と足尾鉱毒事件研究』第四号、伝統と現代社
花崎皋平（一九八四年三月・四月）「田中正造の思想」上・下『世界』
林　竹二（一九七六年b）「農民自治の思想と田中正造」『季刊田中正造研究』第三号、伝統と現代社

布川　了（一九七六年）「左部彦次郎の「背反」」渡良瀬川鉱毒シンポジウム刊行会編『足尾銅山鉱毒事件・虚構と真実』渡良瀬川鉱毒シンポジウム刊行会
三浦顕一郎（二〇〇一年）「谷中村廃村」『白鷗法学』第一八号
三浦顕一郎（二〇〇二年）「田中正造の原初体験」『白鷗法学』第二〇号
三浦顕一郎（二〇〇三年）「福沢諭吉と足尾鉱毒事件――足尾鉱毒事件研究の一環として――（一）」『白鷗法学』第二二号
三浦顕一郎（二〇〇五年）「田中正造におけるエコロジー思想の形成過程（一）」『白鷗法学』第二五号
三浦顕一郎（二〇一〇年六月）「谷中村廃村をめぐる新聞報道と世論」『白鷗法学』第三五号
三浦顕一郎（二〇一〇年一二月）「第二次鉱毒調査委員会」『白鷗法学』第三六号
三浦顕一郎（二〇一一年）「川俣事件」『白鷗大学論集』第二六巻第一号
三柴利平（一九七九年）「追跡　谷中村村民」『田中正造と足尾鉱毒事件研究』第二号、伝統と現代社
三宅雪嶺（一九一三年）「序」高橋鐵太郎『義人田中正造』有朋館
由井正臣（一九九一年）「田中正造と現代」法政平和大学『田中正造と足尾鉱毒問題を考える』オリジン出版センター
吉野作造（一九一六年九月）「国家中心主義個人中心主義　二思潮の対立・衝突・調和」『中央公論』大正五年九月号

あとがき

本書は数多くの優れた先行研究に多くを負っている。「はじめに」に記したように、読者の読みやすさを考えて、直接引用したもの以外は出典の明記を控えている。より多くの読者に田中正造と足尾鉱毒問題のことを知ってもらいたいと願ってのことであり、非礼をお許しいただきたい。

その代わりというわけでもないが、参考文献一覧を比較的詳しくした。本書で引用したもの、筆者の田中正造と足尾鉱毒問題の理解に大きな影響を与えているもの、書店等で比較的手に入れやすいもの、また入手が困難でも図書館などでぜひ目を通してほしいものなどである。読者の読書ガイドの一助となれば幸いである。

ところで、参考文献一覧に見られるように、田中正造と足尾鉱毒問題に関する著作は多い。そうした中で、あえて本書を世に問う理由は何であろうか。筆者から本書の特色を二つ挙げておきたい。一つは、田中正造と足尾鉱毒問題を一冊で通観できる本を目指したことである。これは出版社から要請であったが、そのような本は必ずしも多くないので、それなりに価値があるのではあるまいか。またその要請に応える過程で発見もあった。田中正造研究であれば、鉱毒運動は田中のリーダーシップのもとで行われ、彼の思想を反映したものとして描かれる。被害農民に焦点を当てた研究では、田中の存在は後景に退いている。田中正造と足尾鉱毒問題の双方を追うことで、本書はどっちつかずになってしまった憾《うら》みもあるが、田中と被害農民の関わりとすれ違いをありのままに描こうとした。鉱毒運動は田中だけのものでなかった。被害農民は彼らなりの論理で動いていた。他方、田中が存在しなければ、足尾鉱毒問題が全国的な関心事となったか定かでないし、そもそも運動が組織化され得たかさえ覚束ない。また田中が存在することで、足尾鉱毒問題は現代にも通じる普遍的意義を得た。被害農民の心情と論理も、田中のイニシアティブと孤独も、本書ではありのままに描こうとした。また、本書では、当時の主要新聞の論調を比較的詳しく紹介している。政府が鉱毒調査会を設置し、鉱毒問題の「最終的」な解決をはかったのは、世論の盛り上がりのゆえであったから、当時のメディアが足尾鉱毒問題をどのように報じていたかは重要である。本書では、メディアの論調を田中正造と足尾鉱毒問題の中に位置づけることで、論調そのものの分析だけでなく、田中と被害民に対するメディアの支持と不支持、共感と違和感などを明らかにしようとした。

本書のもう一つの特色は、田中をリベラル・デモクラットと捉えたことである。田中をエコロジストの先駆者と捉えるのが昨今の流行である。しかし、田中はエコロジストの先駆者となろうとしたのでない。彼は地域とそこに住む人々を守ろうとして、結果としてエコロジストになったのである。田中をエコロジストの先駆者とのみ見なすのは、彼の人生を現代に合わせて切り取ろうとするものであって、彼の人生を捉えようとするものでない。また田中をデモクラットとする見方は、荒畑寒村をはじめ古くからある。しかしながら、田中を単なるデモクラットとして捉えるのでは、三宅雪嶺が指摘したような、多くの自由民権運動家と田中を分けたものが見えなくなる。自由民権家たちの多くも参政権を求めるデモクラットであったが、彼らは専ら参政権の獲得を念とするデモクラットであった。色川大吉が指摘した「公権」と「私権」のうち「公権」にのみ注力し、「私権」を蔑ろにするデモクラットであった。これに対し田中の根底には、「私権」の尊重があった。田中は、牧原憲夫が指摘した政府と民権運動と民衆の三極構造でいえば、民衆の側に身を置いていた。田中は一貫して、政治は人民を幸福にするためにあると主張し続けた。国家は国民のために存在し、参政権は政府をして人民の福祉のために働かせるための手段であった。民衆の幸福が目的で、デモクラシーはそのための手段であった。

本来のリベラリズムとは、被治者の権利や生活を擁護するものである。リベラリストとは、自己の自由を謳歌するだけでなく、被治者の権利を主張する人であった。市民革命は、統治者の権力から被治者の生活や権利を守ることを目的とし、そのための手段としてデモクラシーを採択した。そのようなリベラリズムを経験することなしに、それを古くさいものとする時代（社会主義やニュー・リベラリズムの時代）に突入してしまったことが近代日本の悲劇であった（上山春平）。そして現代。政治家たちは「国益」や「公共」という言葉をもてあそび、政策は「国益」や「コスト」の面から立案され、語られ、正当化される。国民の生活や生命、権利や幸福は蔑ろにされる。そうなった背景には、選挙制度が中選挙区制から小選挙区比例代表並立制にかわって政治家たちが有権者の意向をかつてほど気にしなくてよくなったこと、有権者の生活を約束しなくても当選できる二世・三世の政治家が政治の主役になったこと、政治家がステーツマンを気取りたがること、また国益や公共といった言葉を前にかしこまる国民の素直さ（ひ弱さ）などがあろう。足尾鉱毒問題で田中を支持した勝海舟が現代に生きていたならば、「フクシマはどうだい、豊洲はどうだい」と言うであろう（勝は「ドウダイ鉱毒はドウダイ」と言い、「鉱毒問題は直ちに停止のほかはない」と述べ、田中に「古河の濁れる水を真清水に　誰がかきまぜてしらず顔なる」との歌を贈り、戯れ事で田中を百年後の総理大臣に任命した）。田中ならば、国家や国益よりも、国民の幸福が大切なのだと言うであろう。田中は、地域とそこに住む人々を守り、民衆を幸福にする（「民を治する」）という自らの任務に忠実であり続けることによって、「真の民権家」（三宅雪嶺）となり、「最も偉大な人民国家の構想者」（鹿野政直）となり、結果として「エコロジストにして環境保護論者になった」（ケネス・ストロング）のである。そのような田中の、「土から生まれたリベラル・デモクラシー」の思想を、現代に問いかけてみたかった。

拙いものとはいえ、本書が成るには多くの方々にお世話になっている。まず筆者が奉職する白鷗大学（栃木県小山市）の教・職員の皆さんに感謝申し上げたい。河原文敬法学部長をはじめとする教・職員のおかげで、白鷗大学は良好な研究環境を保っている。その環境の中で私も自由に研究させていただいている。白鷗大学図書館のスタッフにも感謝申し上げる。またゼミ生をはじめとする白鷗大学の学生にも感謝したい。学生たちは私に刺激と元気を与えてくれている。

これまでご指導いただいた方々にも感謝申し上げたい。名前を挙げるべき人は多いが、紙幅の関係上、直接ゼミでご指導いただいた三名の先生の名を挙げたい。堀真清先生（早稲田大学名誉教授）は学生時代から今日に至るまで、惜しみないご指導と励ましを筆者に与え続けてくれている（「田中はエコロジストの先駆者になろうとしたのでない」という指摘は、先生のご教示による。文責はもちろん筆者にある）。厳しくも温かいご指導とお人柄に心から感謝申し上げる。また兼近輝男先生（早稲田大学名誉教授）は日本政治史・政治思想史初学者であった筆者を、慈しみに満ちた眼差しで手ほどきしてくださった。吉野孝先生（早稲田大学政治経済学術院教授）は学部時代のゼミの指導教官として、筆者に初めて学ぶことの楽しさを教えてくださった。筆者を啓発し続けてくれている学友・畏友たちにも感謝申し上げる。

本書の刊行元である有志舎の永滝稔社長にも感謝している。二〇一三年に同社から刊行された『講座　東アジアの知識人』第二巻への寄稿が機縁となって本書の刊行となった。永滝氏は「出版で世界に平和を」との志をもって出版業に当たっておられる。「人を見るにはその人の事業を見よ」とは田中正造の言葉である。永滝氏の事業と志が報われる世の中であってほしい。

二〇一六年一一月六日

三浦顕一郎

著者紹介
三浦　顕一郎（みうら　けんいちろう）

1967年北海道札幌市生まれ。北海道立札幌西高等学校出身。早稲田大学政治経済学部卒業後、同大学院政治学研究科後期博士課程単位取得満期退学。
専門分野は日本政治史・政治思想史。
現在、白鷗大学法学部教授。
白鷗大学専任講師、自治医科大学兼任講師、早稲田大学兼任講師、London School of Economics and Political Sciences 客員研究員などを経て現職。
〔主要著書〕
『宇垣一成とその時代――大正・昭和前期の軍部・政党・官僚――』（共著、新評論、1999年）
『講座 東アジアの知識人 2　近代国家の形成』（共著、有志舎、2013年）
『第一次世界大戦と現代』（共著、丸善プラネット、2016年）
'The history of Nationalism in Japan: particularly on the formative period'（『白鷗法学』第20巻第2号〔単著論文〕）ほか

田中正造と足尾鉱毒問題
――土から生まれたリベラル・デモクラシー――

2017年3月5日　第1刷発行

著　者　三浦顕一郎
発行者　永滝　稔
発行所　有限会社　有　志　舎
〒101-0051　東京都千代田区神田神保町 3-10
宝栄ビル 403
電話　03(3511)6085　FAX　03(3511)8484
http://yushisha.sakura.ne.jp
DTP　言 海 書 房
装　幀　奥 定 泰 之
印　刷　モリモト印刷株式会社
製　本　モリモト印刷株式会社

ISBN978-4-908672-10-1